CREACIÓN

CREACIÓN

David Pawson

Anchor

Copyright © 2024 David Pawson Ministry CIO

El derecho de David Pawson a ser identificado como el autor de esta obra ha sido afirmado por él de acuerdo con la Ley de Copyright, Diseños y Patentes de 1988.

Traducido por Alejandro Field

Esta traducción internacional en español se publica por primera vez en Gran Bretaña en 2024 por Anchor que es el nombre comercial de David Pawson Publishing Ltd Synegis House, 21 Crockhamwell Road, Woodley, Reading RG5 3LE

Ninguna parte de esta publicación podrá ser reproducida o transmitida de ninguna forma o por ningún medio, electrónico o mecánico, incluyendo fotocopia, grabación o ningún sistema de almacenamiento o recuperación de información, sin el permiso previo por escrito del editor.

Si desea más de las enseñanzas de David Pawson, incluyendo DVD y CD, vaya a www.davidpawson.com

**PARA DESCARGAS GRATUITAS
www.davidpawson.org**

Si desea más información, envíe un e-mail a info@davidpawsonministry.org

ISBN 978-1-913472-93-1

Printed by Ingram Spark

Índice

	Prólogo	7
1.	En el principio	9
2.	Los siete días de la creación	41
3.	El origen del hombre	77
4.	Satanás expuesto	117
5.	La evolución y sus efectos	153

Este libro está basado en una serie de charlas. Al tener su origen en la palabra hablada, muchos lectores encontrarán que su estilo es algo diferente de mi estilo habitual de escritura. Es de esperar que esto no afecte la sustancia de la enseñanza bíblica que se encuentra aquí.

Como siempre, pido al lector que compare todo lo que digo o escribo con lo que está escrito en la Biblia y, si encuentra en cualquier punto un conflicto, que siempre confíe en la clara enseñanza de las escrituras.

David Pawson, 1930 - 2020

PRÓLOGO

En este libro, extraído de una serie de conferencias pronunciadas a principios de la década de 1980, David Pawson guía al lector desde los orígenes del universo, y concretamente la creación del planeta Tierra y de la raza humana, hasta la Caída y sus consecuencias actuales para la sociedad contemporánea. Aborda la cuestión de la oposición de inspiración satánica que ha tratado de socavar el relato bíblico de la Creación. Al hacerlo, aborda el debate entre la evolución y la creación, un tema que durante mucho tiempo ha estado marcado por la controversia y discusiones acaloradas, con un enfoque que es a la vez mesurado y matizado, como corresponde a un tema tan complejo. David se esfuerza por hacer justicia a los principales puntos de vista antes de presentar su propia postura. Sostiene, sobre todo, que la ciencia y el libro de Génesis son complementarios y que la aplicación errónea de las Escrituras ha generado mucha confusión y dudas innecesarias. Al identificar puntos en común, apela tanto a las Escrituras como a las teorías y descubrimientos científicos modernos. Sin embargo, toma distancia de quienes afirman que el universo no fue creado. Como señala, "una vez que eliminamos al Creador, eliminamos la creación. Si eliminamos al Originador, eliminamos el origen. Si eliminamos a Dios, no puede haber un principio".

David analiza varias experiencias formativas de Charles Darwin y critica ciertas interpretaciones de elementos de su teoría de la evolución. El último capítulo aborda el impacto de la obra de Darwin (y la de sus seguidores) en la creencia en la interpretación cristiana tradicional del relato de la creación en Génesis. David también explora algunas de las implicaciones de estos puntos de vista, incluida su contribución al auge de una cultura más secular y atea. Al equilibrar estas críticas con un argumento a favor de la compatibilidad de una perspectiva científica con la fe cristiana en Dios como Creador, David advierte contra el uso indebido del texto bíblico, señalando que "la Biblia no trata de

CREACIÓN

argumentar la existencia de Dios", sino que simplemente afirma: "En el principio, Dios...". Un cristiano siempre partirá de este punto de partida de la fe y David sostiene que, si el creyente se aferra a esta creencia fundamental, todo lo demás cobrará sentido. Sin embargo, advierte que no es tarea del cristiano ni de la Biblia "explicar a Dios" y que el problema no es la existencia de Dios, sino "la existencia de este mundo" y "la existencia de mí y de mi pecado".

Justin Byron-Davies

Capítulo 1

EN EL PRINCIPIO

Vamos a estudiar la creación a partir del capítulo uno al tres de Génesis. Este capítulo es en gran medida una introducción a los otros estudios. Solo hablaré de un versículo ahora. Es prácticamente todo lo que podemos manejar, porque es la declaración más importante de la Biblia. Es el primer versículo del primer capítulo del Génesis. Lo citaré primero de la Biblia y luego daré una versión parafraseada de ese versículo. Génesis 1 versículo 1 simplemente dice esto: "En el principio Dios creó los cielos y la tierra". Y aquí está la versión parafraseada: *"Hace mucho tiempo, cuando no existía nada más, el Dios que siempre había estado allí trajo a la existencia todo el universo, todo lo que hay en el espacio exterior y el planeta Tierra"*. Eso intenta expresar ese versículo en el lenguaje de hoy y llenarlo de significado.

Los primeros capítulos del Génesis han sido para mucha gente una fuente de discusiones más que de respuestas. Y algunas de las preguntas que se plantean al adentrarse en estos capítulos son intrigantes. "¿Quién hizo a Dios?" es una. "¿Fueron seis días o cuatro mil millones de años, como nos dicen los científicos?". Una con la que me topé hace poco, que era nueva para mí, fue: "¿Tenía Adán ombligo?". Y eso plantea todo tipo de preguntas. Y "¿De dónde sacó Caín a su mujer?". Seguro que ha oído hablar del simio sentado en su jaula del zoo, rascándose la cabeza y pensando: "¿Soy el hermano de mi cuidador?". Eso plantea toda la cuestión de la evolución frente a la creación.

Pero Génesis 1 se nos dio para darnos respuestas, no para iniciar discusiones. Es una tragedia que se haya convertido en un

CREACIÓN

tema tan controvertido. De estos capítulos han surgido conflictos interminables. Tanto es así que muchos cristianos dicen: "Oh, bueno, ciñámonos a los pasajes agradables de la Biblia en los que todo el mundo está de acuerdo. ¿Por qué no nos enseñan el Salmo 23? Eso nos consolaría mucho más y todo el mundo está de acuerdo en lo bonito que es". Pero quiero decirle que creo que al estudiar estos capítulos estamos entablando una batalla, una guerra que es crucial. Si la primera frase de la Biblia es mentira, entonces todo el resto de la Biblia es mentira. Porque toda la Biblia está supeditada a la primera frase y, si no es cierta, no podemos confiar en nada más de lo que dice. Es el presupuesto básico sobre el que se construye todo lo demás que Dios dice. Si lo dejamos pasar, hemos perdido todo. Por eso es una controversia tan feroz.

¿Por qué, entonces, retroceder hasta el principio mismo de nuestro universo? ¿Cómo me va a ayudar eso en 2023 a enfrentar el desempleo, la recesión, la inflación, el desarme nuclear? ¿Qué relación puede haber entre el principio de nuestro universo y mi situación actual? ¿Cuál es la pertinencia de estudiar esto? Me gustaría decirle dos cosas. Primero, el pasado es siempre la clave del presente. Lo que fuimos determinará lo que somos. Por eso, si solicita un trabajo, le pedirán referencias. Querrán saber de dónde viene y cómo era allí, y así sabrán cómo será probablemente aquí.

De hecho, hay muchas cosas en la vida que no entenderá a menos que vuelva al principio. Recuerdo que el entonces presidente, George Thomas, me llevó a recorrer la Cámara de los Comunes, y hay muchas cosas en ese lugar que no entendemos; de hecho, cosas locas. Vemos que están todos sentados en dos lados de la Cámara. ¿Por qué no pueden sentarse en semicírculo, como hacen la mayoría de los parlamentos, en lugar de este "ellos y nosotros" en el que se enfrentan como dos ejércitos opuestos? No me extraña que se opongan cuando se sientan así.

Y uno piensa: "¿Por qué se sientan así?". La respuesta es que la Cámara de los Comunes se reunió por primera vez en el coro de una iglesia y así fue como empezó. Por eso lo hacen ahora.

En el principio

Hay dos rayas rojas en la moqueta del suelo. Y nos preguntamos: "¿Para qué son?" Nos dicen: "Eso es para que los miembros de este lado y los miembros de ese lado no puedan poner un pie sobre esa línea roja, porque eso los mantiene a más de dos espadas de distancia". Y uno piensa: "¿Qué sentido tiene? No hay ni una espada a la vista". Pero, por supuesto, empezó cuando los miembros del parlamento iban armados a los debates y había que mantenerlos a esa distancia.

Es que una y otra vez nos preguntan sobre cosas que ahora son procedimiento parlamentario y hemos descubierto que no lo entenderíamos a menos que volviéramos al principio. Lo mismo ocurre con nuestro mundo. Ahí es donde encontramos nuestra identidad. ¿Quién soy yo? Un hombre me llamó a las tres de la mañana. Estaba borracho. Siempre solía llamar después de emborracharse. Parecía que no podía hablar hasta que no armarse de valor con el alcohol. Me llamó y me dijo: "Pastor, ¿quién soy?". Esa es toda una pregunta para tratar de responder a un hombre borracho a las tres de la mañana.

Pero esa es la pregunta básica: "¿Quién soy?". No entendemos quiénes somos hasta que no volvamos a nuestros orígenes. Por eso Alex Haley, cuando escribió el libro *Raíces*, cautivó la imaginación. Era un hombre negro que vivía en Estados Unidos y no se entendía a sí mismo. Pensó: "¿Por qué me siento como me siento? ¿Quién soy? ¿Dónde encajo en el esquema de las cosas aquí?". Así que rastreó su ascendencia a través de ese nombre que su bisabuela recordaba, Kunta Kinte, volvió a África y encontró el pueblo del que su tatarabuelo había venido como esclavo. Y descubrió quién era y encontró su identidad. Por lo tanto, quiero saber: ¿salí de un zoológico? ¿Salí de la selva? ¿Quién soy? Y no podemos responder a eso hasta que volvamos al principio. Entonces, la primera razón para volver al principio de todas las cosas es que el pasado es la clave del presente. No entenderá el presente a menos que vuelva al principio.

Lo segundo es que el pasado también es la clave del futuro,

CREACIÓN

porque de dónde venimos suele indicar adónde vamos. "Polvo eres y en polvo te convertirás". En otras palabras, de ahí es de donde viene y ahí es donde acabará. Donde empezó, probablemente acabará. Y el mundo, donde comenzó, también terminará. Si comenzó sin Dios, terminará sin Dios. Si comenzó con Dios, terminará con Dios. Así que muchas cosas dependen de esto; el presente y el futuro están ligados al principio. Si no entendemos bien el principio, probablemente malinterpretaremos el presente y el futuro. Eso abarca la mayor parte de mi vida: el pasado, el presente y el futuro. No se me ocurre ninguna otra parte de mi vida. Por lo tanto, es vital que vuelva al principio.

Por cierto, el final y el principio están tan estrechamente relacionados que si lee las tres primeras páginas de la Biblia y las tres últimas quedará asombrado; tratan de las mismas cosas. Hay cosas que desaparecen después de las tres primeras páginas y no vuelven hasta las tres últimas, como el árbol de la vida. Esto es porque el principio y el fin son lo mismo, y el ciclo completo está ahí en las Escrituras.

Ahora, la pregunta básica que nos vamos a hacer es, ¿cómo es? Cuando un bebé pequeño se vuelve consciente de sí mismo, y luego consciente de la gente que lo rodea, y luego de los lugares que lo rodean, tarde o temprano ese bebé preguntará: "¿Cómo es que esta gente llegó aquí?". Y luego preguntará: "¿Cómo es que el mundo llegó aquí?". No pasa mucho tiempo antes de que un niño pregunte a sus padres: "¿De dónde vengo?". El padre piensa: "Ahora es el momento de la charla". "Bueno, los pájaros y las abejas...", y lo explica todo. Y el niño parece perplejo y el padre pregunta: "¿Por qué lo preguntas?". "El chico de al lado dijo que venía de Bristol". Los padres se dan cuenta de que han desperdiciado un montón de explicaciones biológicas. Pero, en realidad, lo que el niño pregunta es: "¿Quién soy? ¿Cómo he llegado hasta aquí? Sé que estoy aquí, pero ¿cómo he llegado?". Y están haciendo la misma pregunta básica, ¿cómo es?

Lo que está ocurriendo es nada menos que una batalla por la

En el principio

mente, y las personas que creen en la primera frase de la Biblia son una minoría muy pequeña en el mundo moderno. Hay muchas otras respuestas a la pregunta, ¿cómo es? Nos bombardean con ellas a través de los medios de comunicación. En cada aula en esta tierra, en revistas y en la prensa, esta batalla por la mente está ocurriendo. Se está librando una batalla por la mente. ¿Por qué esta batalla es tan importante? La respuesta es que la mente es la llave del hombre y, si logramos capturar la mente de un hombre, lo tenemos. "Como un hombre piensa en su corazón, así es él". El tipo de cosas en las que piensa constantemente determinará el tipo de persona que es. Sus pensamientos lo convertirán en el personaje que es. En lo que piense constantemente, será usted. Por lo tanto, la batalla por la mente es la batalla por el hombre.

La Biblia también nos dice que no debemos ser camaleones sino orugas. ¿Quiere saber de dónde viene eso? Está en Romanos 12:2. Dice: "No seas camaleón, sino oruga". Ahora, puede que no sea así en sus versiones, así que déjeme explicarle. ¿Qué es un camaleón? Si pone un camaleón sobre una alfombra azul, se vuelve azul. Si lo pone sobre un plumero rojo, se volverá rojo. Si quiere matar a un camaleón lo pone sobre tartán, y revienta.

Pero Romanos 12 dice esto: "No se amolden al mundo actual". No deje que su mente se llene del bombardeo de otros puntos de vista que recibe constantemente. No sea un camaleón. No esté de acuerdo con el último programa de televisión que está viendo. Es terriblemente fácil captar los pensamientos externos a nosotros y dejar que se conviertan en nuestro pensamiento. Eso es lo que hace el camaleón. La oruga pasa por un proceso de metamorfosis y cambia desde dentro, y de ella sale una hermosa mariposa, y eso ha venido de dentro. Así que Pablo dice: "No dejen que sus mentes se conforme al mundo que los rodea, a los pensamientos fuera de ustedes, sino que se transformen —literalmente metamorfosis—, que cambie desde el interior". Eso es lo que vamos a intentar hacer en estos capítulos. Es muy fácil recoger el pensamiento del mundo y no dejar que nuestras mentes sean independientes

CREACIÓN

por dentro. La batalla por la mente es la batalla por el hombre.
Quiero ir más allá en la introducción y decir que deseo que se dé cuenta de que las batallas de Génesis no son la guerra. Hay una guerra que se libra sobre Génesis 1-3 que es diferente de las batallas. Hay ciertas batallas específicas sobre los seis días, sobre la evolución, sobre dónde consiguió Caín a su esposa. Pero esas son solo batallas, no la guerra. Y si no se da cuenta de la guerra puede equivocarse en las batallas. En las Malvinas hubo batallas por Bluff Cove, San Carlos, Goose Green, Stanley, pero la guerra fue contra Argentina. Uno puede enfrascarse tanto en las batallas sobre Génesis que no ve la guerra. En este capítulo no voy a tratar ninguna de las batallas. Trataré algunas de ellas en el próximo capítulo; cuestiones como la evolución, y cuánto tiempo tomó, y el resto. Esas son batallas. En este capítulo quiero ocuparme de la guerra, porque Génesis 1:1 es una declaración de guerra a cualquier otra interpretación del mundo en el que vivimos.

Para ayudarlo a entender a dónde quiero llegar, quiero contarle la parábola del campeón invisible de billar. Una noche llegué tarde a casa y me relajé durante quince minutos viendo los campeonatos de billar. Fascinante.

Quiero que se imagine la parábola del campeón invisible de billar. Es un poco simplista, pero intente imaginar un campeonato de billar en el que hay un campeón invisible con un taco invisible. Pero está jugando con bolas visibles en una mesa visible. Quiero que estire aún más su imaginación e imagine que hay dos personas a las que se les ha pedido que comenten el campeonato. A una le han dicho: "Solo debes hablar de la parte visible del partido, de las bolas que están sobre la mesa", y a la otra: "Ahora comenta la parte invisible, sobre el jugador y cómo juega". Así, los dos comentaristas comentan sobre este campeón.

Uno dice: "Ahora va a golpear la roja; sí, ahí va". El otro comentarista toma el relevo y dice: "La bola roja se desplaza a gran velocidad por el centro de la mesa. Rebota en la blanca, rebota en la roja. No entra en la tronera". Volvemos al primer

En el principio

comentarista y describe lo que el hombre hará a continuación. Dice: "Ahora va a ir a por la negra y sí, va a por la negra". El segundo comentarista vuelve a tomar el relevo y dice: "La bola blanca se dirige directamente hacia la negra. La negra ha golpeado el cojín, pero está dentro".

¿A dónde quiero llegar? Estos dos comentaristas están hablando de la misma situación y normalmente no deberían estar en desacuerdo porque uno está hablando de una parte de esa situación y el otro de la otra. Uno está hablando de cosas que no se pueden ver, el otro de cosas que se pueden ver, pero están describiendo el mismo acontecimiento. Si escucha a ambos, obtendrá la imagen completa de lo que está ocurriendo. Pero hay dos situaciones en las que esos dos comentaristas podrían discrepar y discutir. La primera sería la simple situación en la que no estuvieran de acuerdo sobre un hecho.

Uno de ellos dice: "Ahora va a meter la bola marrón", y el otro comentarista dice: "La bola azul ha entrado en la tronera". Y el primero dice: "He dicho que iba a meter la bola marrón". "Pero fue la bola azul la que entró". "Pero era la bola marrón por la que iba", y se inicia una discusión. No es una discusión seria porque puede resolverse fácilmente mirando en la tronera. La evidencia de cuál es la verdad está disponible para ambos comentaristas, y simplemente necesitan mirar la evidencia un poco más cuidadosamente y descubrir cuál de ellos estaba equivocado.

¿El comentarista del balón era algo daltónico y se equivocó de color? ¿O el comentarista del jugador se equivocó al leer la mente del jugador? Pero uno de los dos, o incluso los dos, estaban equivocados, y un simple vistazo a las pruebas nos diría cuál estaba equivocado. Uno estaría equivocado en la observación y el otro en la interpretación. Pero no tienen por qué estar en desacuerdo. Se trata de una batalla sobre los hechos. Y los hechos pueden ser simplemente establecidos, y eso lo resolverá.

Pero ahora quiero que imagine que el juego ha terminado. El negro ha caído por última vez y los dos comentaristas han

CREACIÓN

terminado su trabajo. Se vuelven el uno al otro y uno dice: "Buena partida", y el otro dice: "Muy buena partida". Y luego uno dice: "Realmente jugó bien", y el otro dice: "¿Quién jugó bien?". "Bueno, el jugador". "Pero no había ningún jugador". "Claro que lo había". "Pero no lo había; no pude ver a ninguno".

"¿Cómo crees que esas bolas bajaron por esos agujeros?" "Bueno, supongo que la mesa se volcó o algo en las bolas las hizo moverse, pero se movían solas". "Eso es una estupidez. ¿Cómo sabes que se movían solas?". "No lo sé. ¿Pero cómo sabes que había un jugador allí? No puedes verlo". Y así el argumento crece hasta que finalmente es solo "Había", "No había", "Había", "No había", y surge una gran batalla. Pero, de hecho, han pasado de un conflicto sobre los hechos a un conflicto sobre la fe. Uno dice: "Yo creo que había un jugador tocando las pelotas", y el otro está diciendo "Yo creo que no". Pero ninguno de los dos dispone de pruebas que demuestren su caso, y por eso discuten.

Ahora, espero que esté siguiendo este pequeño cuadro conmigo porque voy a decir algo muy importante. Usted se pregunta por qué ambos están tan acalorados con esta discusión sobre si hay un jugador o no. De hecho, el hombre que cree que hay un jugador dice: "Pero mira, esas bolas bajaron en un orden. Las viste: roja, negra, roja, negra y luego cuando solo estaban los colores las viste: amarilla, verde, azul. Había un orden, y el resultado fue que se ganó el partido. Sin duda crees que había alguien haciendo todo eso".

"Bueno, pero no entendemos todos los patrones y todas las estadísticas del azar". Y se empiezan a acalorar por el asunto. Usted se encuentra diciendo: "Me pregunto por qué se ponen tan nerviosos con este argumento". Y entonces descubre que el que cree que había un jugador allí cree que le van a pagar por su comentario después. Descubre que el otro, que no quiere creer que había un jugador, ha echado el ojo a la mesa y a las bolas, y quiere llevárselas a casa. Creo que ahora comprenderá por dónde voy.

Todo el asunto entre la ciencia y las Escrituras está en esa

En el principio

pequeña parábola. Ambas observan el mismo acontecimiento, el principio del mundo. La ciencia observa la parte visible de lo que está sucediendo. Mira la mesa y las bolas, mira los árboles, mira las nubes, mira las estrellas, mira cada parte del acontecimiento que se puede ver, y describe cómo interactúan, cómo se afectan mutuamente, mientras que las Escrituras miran la parte que no se puede ver. Mientras que la ciencia debería decir cómo y cuándo suceden ciertas cosas, y qué sucede, las Escrituras nos dirán quién y por qué, lo cual es un comentario diferente.

Por lo tanto, cabría esperar que las Escrituras y la ciencia estuvieran siempre de acuerdo, pero no es así. Ambas están describiendo la misma cosa, y el mismo Dios que creemos que hizo el mundo y su Palabra, y por lo tanto deberían estar de acuerdo, porque Dios es un Dios de verdad. Entonces, ¿por qué habrían que discrepar la ciencia y las Escrituras? ¿Por qué tanta controversia sobre Génesis? Quiero decirle que las batallas son batallas de hechos, pero la guerra es una guerra de fe. Y si está conmigo hasta ahora, me acompañará el resto del camino.

Hay batallas sobre los hechos. La ciencia parece decir que esta tierra tiene cuatro mil millones de años o más, mientras que Génesis parece decir que fue menos de una semana hasta que comenzó la historia humana. Parece que no concuerdan. Es una diferencia de hecho, porque ambos no pueden ser correctas. Y siempre que nos encontramos con esa diferencia ambas partes tienen que preguntarse: "¿Cometí un error?". Un lado tiene que preguntar: "¿Cometí un error de observación?". Y el otro tiene que decir: "¿Cometí un error de interpretación?". Una parte tiene que preguntar: "¿Lo ha demostrado realmente la ciencia?". Y el otro tiene que preguntar: "¿Realmente las Escrituras dicen eso?". En última instancia, este tipo de batallas se resolverán con las pruebas de las que ambos disponen, las pruebas de los hechos. Pero lo grave es la guerra que se está librando.

La guerra comienza cuando el científico dice: "No hay nadie jugando el juego. Este mundo se ha creado a sí mismo. El juego

CREACIÓN

está siendo jugado por el juego mismo". Y es en ese punto en que empieza la guerra, y es una guerra muy seria.

Una poesía expresa la verdadera cuestión. Dice así:

"No hay Dios", grita el orador,
"no encadenes tus pensamientos.
Este universo evolucionó solo,
el mundo es autónomo".

Entonces un pilluelo en la multitud
lanza un hábil guijarro que cae preciso
sobre su atea nariz.
"¿Quién arrojó esa piedra?", ruge el orador,
a lo que el duendecillo,
intuitivamente agudo, replica:
"¡Nadie! Se ha arrojado sola".

Así que una patética víctima,
desconcertada y peor,
se va a casa a meditar
sobre este universo sin causa".

Esa es la guerra. La guerra es esta, si puedo resumirla. ¿Algo produjo a alguien o alguien produjo algo? De eso se trata la guerra, y no hay posiciones intermedias en esa guerra. O bien creemos que algo —materia, energía o lo que prefiera— siempre estuvo ahí y produjo a alguien, y que la personalidad fue producida por cosas o creemos que siempre hubo alguien que produjo algo. Lo estoy diciendo de la forma más sencilla posible. La Biblia está bien de un lado de esa guerra y todas las demás visiones del hombre que he encontrado están del otro lado. Esa es la guerra. Y detrás de todas las discusiones sobre los seis días y sobre la evolución quiero que se den cuenta de que estamos luchando contra esto: la opinión de que algo produjo a alguien, mientras que el primer

En el principio

versículo de la Biblia dice que alguien produjo algo. No creo que pueda expresarlo de forma más sencilla.

¿Puedo tomar una ilustración de otra parte de la Biblia para aclarar lo que estoy diciendo a modo de introducción? Por ejemplo, la división del Mar Rojo. Imagínelo. La Biblia dice que Dios envió un viento del este que partió el Mar Rojo. Es el tipo de juego de billar que he descrito. Un jugador invisible golpea el viento, que a su vez golpea el mar, y lo invisible mueve lo visible.

Supongamos que un científico estuviera observando todo lo que ocurre, y dijera: "Es fácil, puedo explicarlo todo. Cuando usted vio partir el Mar Rojo fue debido al viento del este. Lo he explicado". Y usted dice: "Bueno, fue un acontecimiento muy feliz que sucediera justo cuando los israelitas estaban atrapados a un lado de él, ¿no?". Y él dice: "Coincidencia. Todo lo que puedo ver es el proceso natural del viento empujando el agua, y eso es todo". Pero las Escrituras dicen que el Dios invisible y eterno empujó el viento que empujó el agua y salvó a todo un pueblo de la esclavitud.

¿Ahora ve la diferencia? No hay necesidad de discutir. Si el científico dice: "Solo estoy hablando de las cosas visibles", y las Escrituras dicen: "Estamos hablando de las cosas invisibles". Eso está bien. ¿Por qué no nos dejamos en paz? ¿Por qué discutir más? Ahora, podríamos tener una discusión sobre hechos. El científico podría decir: "Fue un viento del oeste, no un viento del este". Y podríamos resolverlo comprobándolo. Pero la guerra sería cuando el científico dice: "Dios no estaba en eso en absoluto. Fue un proceso natural totalmente autónomo que ocurrió por sí mismo".

Por lo tanto, uno hablará de providencia y el otro de coincidencia. Uno hablará de elección y el otro, de casualidad. Uno vivirá por fe y el otro por el destino. Uno dirá: "Estoy lleno de esperanza", y el otro dirá: "Pues yo estoy lleno de desesperación porque nunca sé cuál será mi suerte mañana". Y si hay algo que está plagando a nuestra sociedad es la creencia en la suerte, ¿verdad? Incluso en nuestra boda tuvimos familiares que llegaron

CREACIÓN

corriendo con una herradura de la suerte, y tuvimos que quitarla de en medio. No queríamos que esa cosa apareciera en las fotos de nuestra boda. No nos casamos con la mejor de las suertes. Nos casamos dentro de la providencia, no de la casualidad. No nos casamos en un universo que creíamos basado en la casualidad, sino en la elección. No creemos que nos hayamos conocido por casualidad, sino por elección. Esa es la diferencia entre los dos puntos de vista.

En última instancia, encontrará que los que creen que algo siempre estuvo aquí y produjo a alguien vivirán de la suerte; apelarán al azar. Dirán: "La mejor de las suertes para ti". Lanzarán monedas. Leerán el horóscopo. Harán todo tipo de cosas. Y los que creen que alguien produjo algo dirán que este universo es su hogar porque es obra de su padre. Esa es la diferencia. Por lo tanto, tiene un impacto en nuestra vida diaria. ¿Me entiende ahora?

Me he adelantado un poco, pero quiero mostrarle cómo la diferencia del punto de partida afectará a su vida mañana por la mañana. O se levanta y cree que está en el mundo de Dios, y que él está a cargo del mundo, y que él está a cargo de su vida, y que él ha planeado su vida, y que hay una providencia que cuida de usted, o se levanta y dice: "Espero tener un buen día de suerte hoy". O se levanta y dice: "¡Buen día, Dios!", o "¡Oh, Dios, el día!". Y vuelve a la elección que hizo al principio.

Hice una pequeña lista de todos los puntos de vista alternativos que me lanzan a través de la televisión y de cualquier otro medio de comunicación. Y me di cuenta de que Génesis 1:1 les hace la guerra a todos. Esta es la lista: todos son *ismos*. Esas letras me dan miedo. Cuando algo lleva un *ismo* al final, me suena una campanita; todos los *ismos*. El único que me hace feliz es el bautismo, pero el resto, no.

Pero aquí están. El ateísmo dice que Dios no existe. Génesis 1:1 declara la guerra al ateísmo y le dice: "Te equivocas. Eso es mentira". El agnosticismo dice: "No sé si hay un Dios o no; puede que lo haya o puede que no", y Génesis 1:1 le declara la guerra a ese punto de vista y dice: "Estás equivocado". Panteísmo —es posible que nunca haya oído hablar de algunos de ellos y que esté orando para no volver a oír hablar de ellos. Solo lo escuchará de mí una vez. El panteísmo dice: "Todo es Dios; cuando miro los árboles, eso es Dios". Génesis 1:1 declara la guerra a eso y dice que esos árboles son criaturas, no el Creador.

El existencialismo dice: "Dios es mi experiencia religiosa". Génesis 1:1 dice: "Equivocado otra vez. Dios existía mucho antes de que hubiera alguien que tuviera una experiencia religiosa". El racionalismo dice: "Las únicas cosas que son verdad son las que se pueden probar a mi razón". Génesis 1:1 dice: "Equivocado otra vez". Le declaramos la guerra a eso, porque una cosa es verdad sea que creaos o no que es verdad. El humanismo dice: "El hombre es Dios, el hombre es dueño de su destino, el hombre manda, es la criatura suprema". Y Génesis 1:1 declara la guerra a ese punto de vista.

El materialismo, común en el mundo occidental, dice: "Solo la materia es real, el espíritu no es real". Génesis 1:1 lo niega. En el mundo oriental es el misticismo el que dice: "La materia no es real, pero el espíritu sí". Y Génesis 1:1 dice: "No, el espíritu es real y la materia es real". Dios creó los cielos y la tierra. Animismo: somos gobernados por espíritus que habitan este mundo. "Equivocado otra vez. Dios creó los cielos y la tierra". Politeísmo: la creencia de que hay muchos dioses. Los hindúes creen que hay tres millones de dioses. "Incorrecto." Génesis 1:1 declara la guerra a ese punto de vista. El dualismo es una visión de que hay dos dioses, uno bueno y otro malo, y así es como se explica el mundo. Explicas las cosas buenas por el dios bueno y las cosas malas por el dios malo, y Génesis 1 declara la guerra a ese punto de vista y dice: "Incorrecto".

Y finalmente, el más sutil de todos, que está metido dentro de la iglesia: el deísmo. El deísmo dice: "Creo en Dios, en un Dios, y él creó el mundo, pero no puede controlarlo, así que no hay milagros. Él no controla el clima. Después de haberle dado cuerda

CREACIÓN

como un reloj, ahora tiene que funcionar por sí mismo, y por lo tanto funciona según las leyes naturales y Dios no puede hacer nada al respecto más de lo que yo puedo. Así que no tiene sentido orar por el clima mañana por la mañana porque Dios tampoco puede evitarlo". El deísmo es quizás el más sutil de todos estos *ismos* y se encuentra en toda la iglesia. Génesis 1:1 dice que no, que Dios no solo creó este mundo, sino que lo controla, y que los milagros son posibles todos los días porque Dios está a cargo de él.

En última instancia, solo queda un *ismo*: se llama teísmo. Y es lo contrario del ateísmo. Teísmo significa que hay un Dios que está vivo, activo, que ha hecho todo esto, que está a cargo de ello, que puede hacer lo que quiera con cualquier parte de ello, y sigue involucrado, y es nuestro Dios. Es el Padre del Señor Jesucristo. Es el Dios que controla la parte más pequeña de nuestro universo. Es un Dios que se da cuenta cuando un gorrión salta al suelo y que tiene contados los cabellos de mi cabeza.

Siempre que leía ese texto de que "ni un gorrión cae al suelo", pensaba que se refería a un gorrión que tiene un infarto. ¿Sabe lo que quiero decir? Pensaba en un pobre pajarito en una rama desplomándose y haciendo un ruido, y a Dios diciendo: "Oh, qué pena". He buscado un poco en el griego desde entonces, y descubrí que es "Ni un solo gorrión salta al suelo sin que tu Padre lo sepa". Esa es la cosa más ordinaria que podría suceder y que nadie miraría, y sin embargo Dios estaba involucrado. ¿Ve la diferencia?

Ahora, en contra de todos esos *ismos*, en contra de todos esos puntos de vista que cubren a la mayoría de la gente de su ciudad, si realmente los pone bajo presión y les pregunta en qué clase de Dios creen realmente, encontrará que la mayoría cree en esos otros puntos de vista. Solo por la gracia de Dios usted ha oído la verdad: "En el principio creó Dios los cielos y la tierra". Y le debe a todos en su ciudad transmitir esa verdad. Les debe no dejarlos en el engaño o en la mentira.

Ahora estoy casi listo para exponer el primer versículo de

En el principio

Génesis capítulo uno. Esta es la frase más sublime y completa del lenguaje humano. Cuando empecemos a hablar de ella, se dará cuenta de que es increíble. Todo depende de ella, y tengo la sensación de que algunos de nosotros la damos por sentada y nunca pensamos en ella lo suficiente. La damos por supuesta y seguimos adelante. Pero quizá sea lo más importante en lo que pueda pensar en este mundo. Todo lo demás encajará en ello. Lo dice todo. Quiero decirle que no encontrará esa frase en ningún otro lugar del mundo.

¿Lo sabía? Ninguna otra religión en el mundo ha dicho eso, ninguna. Puede buscar en todas las escrituras, puede buscar en el Corán, puede buscar en los Vedas sagrados, puede buscar en todas las escrituras de todas las religiones del mundo y no encontrará esa frase. No la encontrara en ningún otro lugar que no sea este libro. Si la encuentra en alguna otra parte será porque alguien está citando este libro. Es único en todos los escritos de la raza humana. Solo una vez se ha dicho esto.

Veámoslo. "En el principio" es una afirmación radical si alguna vez la hubo. Tendemos a leerlo como si solo dijera: "Érase una vez". ¿Sabe a lo que me refiero? Como si ese fuera el principio del cuento de hadas: "Érase una vez". La mayoría de las historias bonitas empiezan así. Pero es mucho más importante que eso. Es afirmar que nuestro universo no ha existido desde siempre. Sin embargo, la mayoría de la gente en nuestro mundo y la mayoría de los hombres en la historia han creído lo contrario, que el universo es eterno. Volveré sobre ello en un momento.

Esto está diciendo que este mundo en el que vivimos es temporal y no permanente, y eso va a cambiar su forma de verlo. No está aquí para siempre, no ha estado aquí para siempre. Por lo tanto, no será un hogar permanente para nadie ni para nada; es algo temporal. Para aceptarlo hace falta un poco de fe. Miramos las montañas y los océanos y decimos que es algo temporal. Tuvo un principio y tendrá un final. No siempre ha estado ahí.

Digo que es revolucionario porque he estado leyendo a

CREACIÓN

algunos de los filósofos griegos, y cuando nos remontamos a los antiguos griegos descubrimos que todos ellos creían que el universo siempre ha estado aquí de una forma u otra. Todos los evolucionistas creen que el universo siempre ha estado aquí, ya sea en términos de materia o de energía, que algo siempre ha estado aquí, porque nadie puede comprender una idea tan descabellada como la de creer que la nada se convirtió en algo por sí misma. Así que, si no cree en alguien, tiene que creer que siempre hubo algo. ¿Me sigue en eso? Nunca he conocido a nadie que creyera que la nada pudiera convertirse en algo sin ayuda. Por lo tanto, una vez que elimina al Creador elimina la creación. Si elimina al Creador, elimina el origen.

Estoy seguro de que ha oído hablar de la teoría del Estado Estacionario y de la teoría del Big Bang. ¿Lo ha oído? Me pregunto si puedo explicarlo de forma muy sencilla, quizá demasiado sencilla para algunos que tienen formación científica. Pero verán, la mayoría de los científicos de hoy están divididos entre esas dos escuelas. La mayoría vota por el Big Bang. Pero entre los científicos, el Estado Estacionario y el Big Bang han sido las dos grandes teorías sobre cómo nuestro universo llegó a ser como es. Permítame explicarle lo que significan.

El Estado Estacionario fue asociado con un astrónomo llamado Fred Hoyle. Él dijo esto: "Ambas, por cierto, parten del conocimiento que tenemos, que parece establecido, de que el universo se está expandiendo. Cada minuto que hablo el universo es más grande". Estoy dispuesto a aceptarlo como un hecho; todos los indicios parecen apuntar en esa dirección. Más adelante podría demostrarse que es falso. Pero voy a aceptarlo por el momento; que se está expandiendo, y dicen que se expande a una quinta parte de la velocidad de la luz. Estamos en un universo que sale disparado desde adentro.

Entonces, dicen, "¿Cómo llegó a ser de esa manera?" Y la gente del Estado Estacionario encabezados por Fred Hoyle dijeron: "Debe haber materia creándose constantemente en algún

En el principio

lugar del universo, tal vez en los agujeros negros, que está como empujando hacia adentro y por lo tanto empujando todo hacia afuera y llenando los espacios". Por lo tanto, hay una creación constante de materia que está empujando todo hacia fuera, y llenándolo todo. Esta es la teoría del Estado Estacionario. La teoría del Big Bang dice que hubo un tiempo en que este universo era una bola diminuta de una presión y densidad tan enormes que explotó, y ha estado explotando desde entonces, y el polvo que se originó por la explosión se agrupó en planetas aquí y planetas allá. Lo he simplificado, pero espero que lo suficiente para que lo entienda. Estas son las dos teorías con las que tenemos que vivir. Una teoría dice que fuimos volados por los aires, con énfasis en volados, y la otra que estamos volando por los aires con una creación continua y constante de cosas nuevas.

Pero cuando preguntamos sobre estas dos teorías: "¿Cómo llegó esa bolita ahí en primer lugar?" nos dicen: "Bueno, tal vez antes de eso el universo se estaba contrayendo, y tal vez antes de eso se estaba expandiendo, y tal vez está en oscilación, volviéndose pequeño, grande, pequeño, grande y ha estado así". Lo único que no dicen es: "No había nada allí antes de esa bolita". A la gente del Estado Estacionario le preguntamos: "¿De dónde viene toda esa nueva materia?" "No estamos seguros. Pero estamos seguros de que algo la está produciendo". Y usted encontrará que no pueden soportar la idea de que una vez no había nada.

Ahí es donde la Biblia trasciende todas las demás opiniones. Dice: "Érase una vez, cuando nada existía, el Dios que siempre estuvo ahí dio origen a este universo". Y en eso no nos atrevemos a corrernos un milímetro. Sean cuales sean las batallas en las que nos veamos envueltos sobre la evolución o sobre los seis días en la guerra, un cristiano dice: "No me muevo de la afirmación básica de este primer versículo de que alguien produjo algo, y fue el alguien que siempre estuvo ahí y no el algo". En cuanto decimos lo contrario —que algo siempre estuvo ahí y alguien no—, ¿saben cuál es el final de ese camino? En vez de decir que

CREACIÓN

Dios creó al hombre a su imagen y semejanza, terminará diciendo que el hombre creó a Dios a su propia imagen y semejanza.

Estos son los dos caminos. Solo hay dos posiciones básicas que podemos adoptar en la vida: alguien produjo algo o algo produjo a alguien. No hay nada intermedio. "En el principio" es una profecía hacia atrás. ¿Sabe a lo que me refiero? La mayoría de las profecías van hacia el futuro, que no conocemos ni podemos conocer. Una profecía a menudo nos habla del futuro que no podríamos conocer. Pero esta es una profecía hacia atrás, nos habla del pasado que nadie podía conocer. No había ningún observador, no había ningún periodista, no había nadie que lo escribiera, a menos que hubiera alguien —Dios— que nos lo contara.

Por lo tanto, Génesis 1 nos enfrenta a la elección: ¿se trata de una especulación humana o de una revelación divina? Y tendremos que elegir. ¿Se trata de conjeturas o es la única Persona que estaba allí la que nos cuenta lo que hizo? No veo otra opción. Así que, ya desde el primer versículo nos enfrentamos a la fe.

Recuerdo a Dios diciéndole a Job: "¿Estabas allí? ¿Dónde estabas cuando puse los cimientos de la tierra? ¿Dónde estabas cuando traje la nieve? ¿Dónde estabas cuando puse los límites a los océanos? ¿Dónde estabas tú? Y Job fue lo suficientemente humilde como para decir: *¡Maravilloso!, Señor, me ganaste. Yo no estaba allí* [¡paráfrasis de David Pawson!]. Creo que ese tipo de humildad es la que se requiere cuando nos acercamos a Génesis 1. En lugar de venir con todas nuestras teorías para discutir con Dios e intentar demostrar que es un mentiroso, venimos humildemente y decimos: "Dios, tú estabas allí y yo no; eso significa que debo venir humildemente a escuchar y a estudiar".

Ahora la siguiente palabra: "En el principio, *Dios*", nada más. Una Persona llamada Dios. La Biblia no trata de probar su existencia. Dice que si queremos llegar a comprender el universo tendremos que empezar por creer en Dios. No llegar por argumentos, no llegar por persuasión. De hecho, el libro de Hebreos dice: "Quien quiera acercarse a Dios debe creer primero

En el principio

que existe". Nunca encontrará a Dios si no cree que existe. El primer paso para comprender la realidad y la verdad sobre nuestro universo es partir de la hipótesis de que Dios es real. Y eso es científico. Todo descubrimiento científico depende de alguien que tuvo fe en que existía. Pierre y Marie Curie creían que el radio existía, y descubrieron que existía. Un judío creyó que debía haber otro planeta en nuestro sistema solar del que nadie sabía nada. Hace solo unos años que se descubrió el último planeta de nuestro sistema, y fue porque un judío dijo: "Tiene que haber un planeta en alguna parte que esté afectando a los demás. Creo que está ahí y voy a buscarlo hasta que lo encuentre", y lo encontró. Así fue como encontramos el último planeta de nuestro sistema solar. No es una mala manera para los científicos o estudiantes de las Escrituras empezar por creer que está ahí y buscarlo.

Por eso, la Biblia no intenta argumentar la existencia de Dios. Solo dice: "En el principio, Dios". Crea eso y todo lo demás tendrá sentido. No tiene que explicar a Dios. Tiene que explicar todo lo demás. La existencia de Dios no es un problema. El problema es la existencia de este mundo. El problema es mi existencia y mi pecado, no la existencia de Dios. Así que la Biblia no se molesta con argumentos sobre la existencia de Dios. Solo dice: "En el principio, Dios". Pero ¿qué clase de Dios? Empecé a hacer una lista de todo lo que Génesis 1 me dice sobre Dios. Descubrí que no solo lo mencionaba treinta y cinco veces, sino que me decía muchas cosas sobre Dios. Y, como tarea para el hogar, lo reto a hacer la lista de cosas sobre él, hasta veinte para la semana que viene. Pero le daré algunas de ellas, ¿de acuerdo? ¿Qué clase de Dios es este que siempre estuvo ahí? ¿Quién es el Dios con el que estamos tratando, el Dios que hizo todo lo que es?

La primera es que es un Dios personal: no un "algo", sino "él". Tiene una mente que piensa y ¡qué pensamiento fue producir este universo! Tiene una voluntad que decide hacer algo y luego actúa y lo hace, y tiene un corazón que está realmente encantado con lo que hace. Mira lo que hace y dice: "Vaya, eso es bueno, eso es

CREACIÓN

bueno. Hizo un buen trabajo. Eso es muy bueno", una Persona con un corazón. Y si hay una mente, y un corazón, y una voluntad, significa que es una Persona. No estamos tratando con una fuerza; estamos tratando con una Persona.

Recuerdo cuando hice un programa en la televisión. Hablé con una de las personas con las que lo hice y le dije: "Te he dicho lo que yo creo. Ahora dime tú lo que crees. ¿Crees en Dios?" La persona dijo: "Más o menos". Le dije: "¿Más o menos qué?". Respondió: "Bueno, *algo*, pero no alguien". Más tarde, mientras rodábamos la película, yo estaba con esa persona y le dije: "Señor, quiero que me digas algo sobre esa persona que solo tú puedas saber y que demuestre que la conoces y que te preocupas por ella".

Tan pronto como pedí esa palabra de conocimiento dos palabras vinieron a mi mente, y eran palabras tan extraordinarias que no podía creer que fueran ciertas de la persona. Entonces es cuando uno siente que está en terreno peligroso, y pensé que, si decía estas palabras y no eran ciertas, eso sería el fin para mí. Pero las dije, y eran verdad. Meses después, esa persona me dijo: "Sabes, ese fue el momento en que empecé a creer en un Dios personal", porque era alguien que sabía, que sentía, que se preocupaba. Lo primero que me dice Génesis 1 sobre Dios es que estoy tratando con una Persona que piensa, que siente y que actúa; alguien a quien puedo entender, porque yo también soy una persona.

Lo segundo que descubrí es que Dios es poderoso. Nunca olvidaré cuando leíamos la historia de la creación a nuestros hijos cuando eran más pequeños. Mi mujer lo recordará: nuestra hija mayor se quedó pensativa después de que hubiéramos leído Génesis 1 y dijo: "Dicho y hecho". Me pareció un comentario precioso. En otras palabras, Dios solo tiene que decirlo y ya está hecho. Eso es poder.

Usted piensa en un hombre sentado en un gran escritorio en la parte superior de un gran edificio en una oficina con alfombra de felpa, el hombre en la cima, y solo dice: "Hazlo". Lo dice y se hace, porque es poderoso. De hecho, uno intenta ir al hombre

En el principio

que tiene suficiente poder para hacerlo, ¿no? Usted sabe que el solo tiene que levantar un teléfono y decir: "Te estoy enviando a alguien. Encárgate de que lo consiga", y piensa que es genial. Eso se hace porque él lo dijo, y él tiene el poder. Dios es una Persona poderosa. Solo tiene que decir: "Hágase la luz", y ahí está. Él es personal y poderoso.

¿Qué más me dice? Me dice que es una Persona muy ordenada. Ahora, no me gustaría que usted viniera a nuestra casa todavía. No la hemos puesto en orden. Estamos en medio de un lío. Somos muy conscientes de ello cuando la gente llama. Pero vamos a algunas casas y están tan ordenadas. ¿Alguna vez lo nota? Casi uno no quiere sentarse. Todo es una exposición de una casa ideal, y uno se sienta en el borde de la silla esperando no desarreglar nada. Sabe que la gente que vive en esa casa es gente sumamente ordenada, ¿no? Les gustan las cosas perfectas.

Observe el escritorio de un hombre y sabrá qué clase de hombre es. No voy a desarrollar esto, sino solo a señalar que cuando miro el orden en el universo, la forma en que las cosas están tan bellamente dispuestas, la forma en que los insectos encajan en las flores, la forma en que todo está en su lugar, la forma en que las cosas encajan, digo que mi Dios es un Dios que es ordenado. También es muy matemático, que es otra cosa.

Lo siguiente que noto es que Dios debe ser muy creativo. ¡Qué imaginación debe tener si comparamos lo que producimos nosotros con lo que produce él! Nosotros podemos producir un millón de escarabajos Volkswagen, pero cuando miramos los escarabajos que él produce, no son todos iguales. No se trata solo del color diferente, de las formas, sino ¿quién podría pensar en todo esto? ¡Qué imaginación, qué Dios tan creativo! Cada uno de nosotros es único. Y Dios nos pensó. Él lo hizo posible. ¡Qué Persona tan creativa!

Luego observo que es una persona singular. Solo hay un Dios. Es un gran alivio. Si yo creyera en tres millones de dioses, estaría todo el día preocupado por saber a cuál he disgustado. Ese es

CREACIÓN

el problema con el politeísmo. No sabemos con cuál estamos tratando si creemos en muchos dioses. Qué alivio es saber que solo hay un Dios. Por eso es un universo, porque es un uni-Dios el que hizo el universo, y solo hay un Dios con el que tenemos que tratar. No dos, ni tres, ni cinco, ni tres millones, solo uno. Pero, dicho esto, Génesis 1 nos dice que en realidad es un Dios plural. La palabra en Génesis 1:1 en realidad tiene un "es" al final. "En el principio, Dios*es* creó". En hebreo es Elohim, que es plural; pero el verbo "creó" es singular.

He aquí un misterio, Dios tiene un nombre plural y, sin embargo, aparece un verbo singular. Más adelante dice: "Hagamos". ¿Es una especie de "nosotros" real como la Reina? "Hemos decidido crear al hombre". Hay un misterio aquí, y en el resto de la Biblia descubriremos cuál es. Es un misterio hermoso que Dios sea una familia: Padre, Hijo y Espíritu. Me pregunto si eso lo emociona. Me emociona a mí, porque significa que el amor existía antes que el universo. Si Dios fuera una sola Persona, no podría ser amor, porque el amor es algo que solo se puede tener con otra persona, y eso significa que el amor siempre estuvo ahí. Antes de que cualquier materia fuera creada, el amor existía. Dios es plural y singular.

Además, es distinto de la creación. Él estaba allí antes de crear el universo, y descansó de él después, y no tuvo nada que ver con él durante un día, y tuvo un día libre. Esto es muy importante porque nunca hay que confundir la naturaleza con Dios. Algunas personas dan a la naturaleza una "n" mayúscula, y piensan que eso es Dios. Adoran a la naturaleza. Pero Dios está completamente separado de la naturaleza. Él la hizo, pero está separado de ella. Puede controlarla, pero no se identifica con ella.

Ahora viene una cosa hermosa. Génesis 1 me dice que el Dios que hizo todo esto es bueno. Me encanta esa frase. Cada vez que me piden que dé un título para una reunión en algún lugar, soy incapaz de pensar en él con meses o un año de antelación. Y quieren anunciar el título, así que siempre digo: "Dios bueno", que

En el principio

lo cubre todo. Puedo hablar de lo que quiera bajo ese título porque realmente lo cubre todo. Recuerdo que fui a una universidad en Nueva Zelanda y tenían un gran afiche y con una fotografía mía realmente horrible. Era con un traje y blanqueado, una fotografía horrible de mí asomando por el medio. Solo tenía una cara, la fecha, la hora, aula B, y debajo decía: "Dios bueno").

La sala de conferencias estaba llena de estudiantes, y tuvimos tres días, y fue genial. Hubo conversiones reales, pero de todos modos, comenzó con eso. Pero realmente cubre toda mi teología: Buen Dios. Génesis 1 pone esas dos palabras juntas. Me temo que no me gusta oír a la gente usar esas dos palabras porque han leído algo que les sorprende, porque son las dos palabras más preciosas "Bueno", "Dios". Eso significa que todo lo que toca es bueno, todo lo que hace es bueno, y todo lo que es bueno le produce placer y le agrada. Le gusta ver cosas buenas porque es un Dios bueno.

Después, es como nosotros. Es una idea sorprendente. Yo habría pensado que Dios sería tan diferente de mí que nunca lo entendería. Pero es como yo. Tengo dos manos, y Dios lo entiende porque la Biblia habla de la mano de Dios. Tengo dos ojos, y la Biblia habla del ojo de Dios. Tengo fosas nasales y puedo oler cosas agradables, y oler un hedor también, y dice de Dios que algo huele mal en sus fosas nasales. Yo tengo oídos y él tiene un oído y puede oír. Yo tengo boca y puedo hablar, y él habla. Yo tengo un brazo, y su brazo está desnudo. Habla de sus riñones, de los sentimientos más profundos que tiene; sentimientos profundos por nosotros. El Libro habla de los pies de Dios. ¿Significa eso que tiene un cuerpo? No, se nos dice que es Espíritu. Pero significa que cada función física es como él, porque él puede hacerla sin un cuerpo, la misma cosa. Pero eso significa que él es como yo.

Así que, cuando hago algo con mis manos —y me encanta hacer cosas con mis manos— es un cambio tan grande respecto

---

[1] En inglés, "Good God", equivalente a "¡Dios mío!".

a predicar, porque uno puede ver dónde ha estado, puede ver lo que ha hecho enseguida. Me encanta hacer cosas con mis manos. Creo que así es como se siente Dios. Él es así. Cuando he hecho un buen trabajo y he creado algo satisfactorio en el jardín, doy un paso atrás. Realmente lo disfruto, ¿y usted? Dios es así. Vio lo que había hecho y se entusiasmó.

Además, no es como nosotros, porque en Génesis hace cosas que yo nunca he hecho ni haré. Alguien me dijo una vez: "¿Has tenido alguna vez la tentación de convertir las piedras en pan?". Respondí: "No, esa no es una de mis tentaciones". Ésa es la clase de tentación que le vendría al Hijo de Dios, no a mí. Por lo tanto, es tan diferente a nosotros como semejante a nosotros.

Lo siguiente es que quiere reproducirse. ¿Usted quiso tener hijos? Él también. ¿Quería ver la nueva vida que había hecho nacer? Nunca olvidaré el día que miré a nuestro primogénito. Muchos conocen ese momento. Es un momento increíble. Ahí está, como un conejito flaco, y no puedo decir que sea atractivo apenas nace. Pero lo mira y piensa: "Caramba, nosotros lo hemos creado. Nos hemos reproducido". Dios es así.

Luego, está vivo, lo que significa que está activo, que está haciendo cosas, que está ocupado.

Por último, es un comunicador. Le encanta hablar con otros, siempre está hablando. Génesis 1 habla todo el tiempo de que está diciendo cosas, comunicándose. ¿Se da cuenta de que, si Dios no fuera un comunicador, no sabríamos mucho acerca de él? No sabríamos cómo empezó el mundo si no hubiera sido alguien que habla. El mundo nunca habría existido si él no hubiera hablado. Dios es un comunicador. ¡Oh, Señor, gracias porque eres un Dios que habla, que pones tus pensamientos en palabras y te comunicas!

Avancemos. "En el principio, Dios *creó*". Hay dos palabras usadas en este capítulo de lo que Dios hizo en el principio: "creó" e "hizo", y quiero decirles la diferencia entre esas dos palabras. Es una diferencia importante. La mayor es que "hizo"

En el principio

se usa del hombre en el resto de la Biblia. Noé *hizo* un arca, los esclavos hebreos en Egipto *hicieron* ladrillos, Bezalel *hizo* el tabernáculo. Pero nunca, ni una sola vez, el resto de la Biblia dice que un hombre "creó" algo. Esto no es propio del inglés/ español moderno. Hablamos de una gran pieza musical como una creación maravillosa o de una obra de arte como una creación maravillosa, pero la Biblia nunca habla así. Mantiene estas dos palabras, una para Dios y la otra para Dios y el hombre. Esto va a ser muy importante.

Tomemos primero la palabra "hacer". La palabra "hacer" significa simplemente fabricar. Es una palabra artesanal. Significa tomar un pedazo de madera y hacer un atril con él. Eso es "hacer", y es algo que todos podemos hacer, tanto si hacemos una tarta de manzana como si hacemos una silla o lo que sea que hagamos. Hemos tomado algún material y hemos cambiado su forma y hemos hecho algo. Eso es algo que usted puede hacer, y es algo que Dios también hace. Muchas de las cosas en Génesis 1 las hizo él. Tomó material que ya estaba allí e hizo algo más y cambió su forma; lo hizo.

Pero eso es solo una palabra en Génesis 1. Hay otra que se utiliza con mucha moderación. Solo se usa tres veces. Es la palabra "creó", la palabra hebrea *bara*, mientras que "hacer" es la palabra hebrea *asa*. Ahora bien, *asa* significa "hacer", lo cual podemos hacer nosotros, pero *bara* significa "crear", lo cual ningún hombre puede hacer. Entonces, ¿cuál es la diferencia? Intentemos comprenderla. En primer lugar, comprendamos que la palabra "hacer" debe implicar a una persona. La madera nunca se convertiría en un púlpito sin que una persona lo hiciera. ¿Entiende lo que quiero decir?

Así que, incluso la palabra "hacer" significa que ninguna parte de este universo podría haber llegado por sí misma; ninguna parte, ninguna de las flores, ninguno de los pájaros, ninguno de los animales, nada podría haber llegado sin que Dios estuviera involucrado. Por lo tanto, toda la idea de que de alguna manera

CREACIÓN

la materia se convirtió en vida y la vida se transformó en especies diferentes es una tontería si lo que queremos decir es que pudo hacerlo sin Dios. Es cierto que Dios podría haber tomado algo que ya existía y haberlo transformado en otra cosa, y eso sería hacerlo. Pero no podría haber ocurrido sin él. ¿Me sigue? Así que la palabra "hacer" podría permitir una cierta cantidad de lo que llamamos evolución en la que una cosa se convirtiera en otra, pero no sin Dios. ¿Me sigue? No podría haber ocurrido de forma natural. Solo podría haber ocurrido sobrenaturalmente, y ahí nos separamos de la mayoría de los evolucionistas. Incluso si permitimos que algunos animales se convirtieran en otros animales, tenemos que decir que eso no podría haber ocurrido sin Dios. Por lo tanto, no ocurrió por casualidad, sino por elección, porque Dios decidió que fuera así. ¿Me sigue? Eso es lo primero que quiero decir sobre "hacer".

Ahora bien, sobre "crear" quiero decir algo más. Crear es algo que no podemos entender porque no podemos hacerlo. Yo no he creado nada en mi vida, ni lo haré nunca, porque crear significa hacer algo tan nuevo que antes no estaba ahí, en ninguna forma; no estaba ahí. Es un nuevo punto de partida. Es algo que no solo no podría haber ocurrido sin una intervención personal, sino que no podría haber ocurrido sin una intervención sobrenatural, personal, sin un milagro, sin que Dios pusiera algo totalmente nuevo en la situación que antes no existía. Cuando hacemos cosas, las hacemos de lo que había antes. Cuando creamos cosas, las hacemos de lo que no existía antes. ¿Me sigue en esto?

Estas son las tres veces que Génesis 1 habla de la creación: la materia, la vida y el hombre. En esos tres puntos Dios no estaba haciendo sino creando. En todos los demás puntos estaba remodelando lo que ya existía, pero en estos puntos estaba poniendo algo que no había existido; algo tan nuevo que solo él podía producir de la nada lo que ahora está aquí. Y me parece interesante que el *hombre* sea una de esas tres cosas, la vida y la materia las otras dos. Eso significa que la nada se convirtió

En el principio

en algo mediante la creación, y luego Dios la convirtió en algo. ¿Me sigue? Creó la materia, y luego la hizo y la remodeló. Luego creó la vida y la remodeló: vida animal, vegetal, aves, y la remodeló. Luego creó al hombre. Eso me dice que en esos tres puntos no solo sucedió algo que no podría haber sucedido sin la intervención personal, sino que sucedió algo que era totalmente nuevo, que no había existido antes. Aquí nos separamos casi totalmente de los evolucionistas, que creen que la materia, que siempre estuvo ahí, se transformó en vida por sí misma y finalmente se transformó en el hombre. No podemos estar de acuerdo con eso. Dios nos dice con toda claridad: "Sí, he fabricado algunas cosas; he tomado lo que ya existía y lo he cambiado. Pero el hombre era algo que no existía, y la vida era algo que no existía, y la materia era algo que no existía". Esa es mi postura con relación a la Biblia.

Así que permitió la remodelación, incluso la remodelación dentro de las plantas, las aves y la vida animal que Dios dice que hizo. Dice que el producto final de su remodelación fueron especies que permanecerían fieles al tipo y solo podrían reproducirse a sí mismas. De modo que su remodelación, que él causó, que desde un punto de vista podría llamarse evolución, sin embargo, desde el punto de vista de un observador produjo especies que solo podían reproducirse según su género. Supongamos que transformó un gato en un perro, solo supongámoslo. No dice que lo hizo, sino supongamos que lo hizo. Eso encajaría con las Escrituras, si el científico demuestra que ocurrió. En realidad, el científico no lo ha demostrado. Pero suponiendo que lo hiciera, entonces eso no me preocuparía porque el gato no podría haberse convertido en un perro sin que Dios lo remodelara. Y después de que Dios los transformara, el gato nunca podría reproducirse con un perro y el perro nunca podría reproducirse con un gato. Por lo tanto, eran distintos, cada uno según su género. Espero que me esté siguiendo.

Vamos a hablar más de ello en el próximo capítulo, pero eso es lo que yo entiendo por "creó": añadir algo tan nuevo, que

CREACIÓN

no existía antes, que solo Dios podía hacerlo. El hombre puede fabricar. Supongo que la mayoría de las flores de su jardín han sido hechas por el hombre. Muy pocas flores de su jardín eran como fueron creadas por Dios. Han sido criadas y cruzadas e hibridadas, sus rosas de té híbridas. El hombre las ha hecho. Pero no las ha creado, las ha hecho. Pero nunca ha convertido una rosa en un perro. Ha criado todo tipo de perros, pero nunca ha convertido un perro en un mono. ¿Comienza a entender lo que dice Génesis? Es claro, es sencillo.

Dios hizo ciertas cosas a partir de materiales que ya existían. Pero cuando las cambió, las fijó y solo se reproducen según su especie. Creó ciertas cosas que antes no existían. La materia no existía; él la hizo. La vida no existía; él la creó. El hombre no existía; nosotros somos una creación. Quiero decirle algo. Usted no es un mono. Ha sido creado a imagen de Dios. Nunca se considere un animal porque podría comportarse como tal. Diga a los niños en el aula que vienen de la selva y que volverán a ella en cuanto terminen la escuela, y no puede culparlos si se comportan como animales cuando les ha dicho que eso es lo que son.

"Como un hombre piensa en su corazón así *es* él". Si piensa que es un animal, se comportará como tal. Si piensa que viene de la selva, se comportará como si estuviera en la selva. Si piensa que llegó a través de la supervivencia del más apto, entonces la supervivencia del más apto será su regla de vida. Ya sea Hitler y su fascismo o el sindicalismo salvaje, el más duro se llevará el dinero. El más duro se quedará con el país; es la supervivencia del más fuerte. Hitler construyó su estado sobre esa creencia, sobre el darwinismo. ¿Lo sabía? Por eso tituló su libro *"Mi lucha"*. Sacó la palabra "lucha" del libro de Darwin, que está lleno de la palabra "lucha" (la lucha por sobrevivir). Hitler escribió *Mein Kampf*; de ahí salió. Ya ve que estamos tratando con cosas importantes aquí. Lo que crea sobre su principio determinará cómo se comporta ahora.

Permítame terminar este versículo: "los cielos y la tierra".

En el principio

"En el principio". Así que hubo un principio cuando no había nada y algo llegó, pero no por sí mismo; alguien lo puso allí. "En el principio, Dios creó", trajo a la existencia lo que antes no estaba, "los cielos y la tierra". Estas dos palabras son lo que yo llamo palabras elásticas. Tienden a tener un doble significado, y todavía lo tienen en el inglés/español moderno. "Cielo": tendemos a hablar de los pájaros en el cielo. Y luego la palabra se extiende para cubrir el espacio exterior, y entonces se convierte en una palabra plural, "los cielos", que encontramos en la Biblia. Encontramos que "cielo" se refiere al cielo, a nuestra atmósfera, y "los cielos" se refiere a lo que llamamos espacio exterior. Por eso lo he llamado así en mi paráfrasis. "Los cielos" se refiere a todo lo que hay en el espacio exterior.

"Tierra" también tiene un doble significado. Estoy intentando cavar nuestro jardín delantero y ponerlo en orden. Me sorprendió; la tierra es bastante buena. Hay tierra buena. Así que la utilizo como tierra en mi jardín. Uno dice: "Parece un buen trozo de tierra", o "Vamos a ponerlo en la tierra" o, cuando enterramos a alguien, "Tierra a la tierra", de vuelta al suelo. Así que usamos la palabra "tierra" para referirnos a la tierra, pero también a todo el planeta. Lo mismo hacían los hebreos. A veces usaban la palabra *ha-aretz*, tierra, como la tierra de Israel. A veces la usaban para referirse a todo el planeta.

Así que "los cielos y la tierra" significa todo lo que hay en el espacio exterior y todo lo que hay en el planeta Tierra. Esto es lo que Dios creó y no existía antes. Antes no había nada, y nuestro Dios lo creó. Casi me dan ganas de adorarlo en este momento. Cuando pienso en el tamaño del universo, del que ahora empezamos a darnos cuenta, nuestra pequeña Tierra tiene poco menos de trece mil kilómetros de diámetro. Si cavamos directamente desde aquí hasta Australia, cavaremos a través de trece mil kilómetros. Ese es el tamaño de nuestra tierra. Es muy grande. Nuestra galaxia tiene unos cien mil años luz de diámetro. Por lo tanto, si usted fuera en un viaje a través de nuestra galaxia a

CREACIÓN

la velocidad de la luz necesitaría cien mil años solo para atravesar nuestra galaxia. Y esa galaxia es una entre muchas otras.

Estoy seguro de que sabe que nuestro universo es una esfera, es una bola, es redondo. Casi todo en este mundo, en el universo es redondo. El planeta Tierra es redondo, el sol es redondo. El universo es una gran burbuja, es redondo y crece cada minuto; es una burbuja redonda. ¿Cuánto mide de ancho? Lo he buscado. Tiene 15.600 millones de años luz de diámetro. No puedo entenderlo. Simplemente no puedo comprenderlo y, sin embargo, eso es lo que Dios creó.

Alguien me preguntó una vez, "¿Dónde está Dios en el universo?" Yo dije: "Pregunta equivocada". Me preguntaron: "¿Qué quieres decir?". Yo respondí: "Deberías haberme preguntado, ¿dónde está el universo en Dios?". Porque lo que uno hace es siempre menos que uno mismo. Solo piense *que* Dios hizo el planeta Tierra, y a partir de esa palabra, Génesis 1 se ocupa enteramente de este pequeño planeta, y el resto de la Biblia se ocupa de este pequeño planeta. Me parece asombroso. Y nuestra galaxia está justo a un lado del universo. Dentro de nuestra galaxia el sol está a dos tercios del centro a la circunferencia, así que está justo en un lado. Estamos justo a un lado del sol, y Dios dice, el planeta Tierra es el centro del universo para mí. La Biblia es lo que se llama geocéntrica o centrada en la Tierra. Usted dice: "Eso es una locura. Estamos justo en el borde del universo, de nuestra galaxia, del sol. Estamos justo en una esquinita aquí", y Dios me dice que no.

Hay señales por todo Basingstoke indicando el centro de la ciudad, pero si nos fijamos en un mapa no es exactamente el centro. El centro está bastante lejos de aquí. Pero, de hecho, todas las señales apuntan hacia aquí, el centro de la ciudad, o un poco más abajo, donde están las tiendas, porque ahí es donde sucede todo. Y el centro del universo para Dios no es el punto en medio de esa burbuja. Todo gira alrededor de él, no de los planetas. Nosotros giramos alrededor del sol, pero todo lo que Dios ha planeado gira alrededor de esta pequeña mota de polvo. Hasta donde sabemos, es el único lugar donde hay vida, el único lugar donde hay temperatura y suficiente agua, y está en una capa muy, muy delgada, tan delgada que, si yo fuera cincuenta kilómetros hacia arriba en una dirección o cincuenta kilómetros hacia abajo en otra dirección, estaría acabado a menos que estuviera en una nave espacial o algo así. Pero usted y yo vivimos en esta delgadísima oblea alrededor de una pequeña mota de polvo interestelar.

Dios dice que es el lugar más importante del universo para él. Le dijo a su Hijo que era allí donde quería que fuera, y que era allí donde iban a resolver todo el futuro del universo. Mi nuevo cielo y tierra, lo resolveremos en ese pequeño planeta. Ahí es donde voy a poner a la gente. Así que cuando leo astronomía moderna me pierdo. Pienso ¿dónde estoy? Socorro, ¿quién soy? No soy nada. Y entonces vuelvo a leer mi Biblia. "En el principio, Dios creó los cielos", y lo habría entendido si se hubiera detenido ahí. Dios creó el universo; este gran Dios hizo todo lo que es. Lo habría entendido si se hubiera detenido ahí. Pero de repente dice: "y la tierra". Ahí es donde yo entro en escena. Creo que ya hemos dicho bastante en este capítulo. Retomaremos el resto de Génesis 1 en el próximo capítulo y veremos cómo Dios se puso manos a la obra y qué nos dice sobre nuestro mundo y, sobre todo, sobre el hombre mismo. ¿Quiénes somos? ¿De qué se trata todo?

Capítulo 2

LOS SIETE DÍAS DE LA CREACIÓN

Ahora quiero ver el resto del capítulo 1 sin tocar la creación del hombre. Estoy viendo lo que dice Génesis 1 sobre el mundo y quiero introducirlo examinando el estilo y la estructura del capítulo para ver cómo Dios nos comunica cosas que, de otro modo, nunca sabríamos. Vamos a ver el medio. Luego vamos a ver el pasaje en sí y a fijarnos en el único sujeto, los pocos verbos y los muchos objetos de ese capítulo. Y luego vamos a ver algunos de los problemas de la ciencia y las Escrituras. Hay tres principales. El problema de la *secuencia* de la creación: ¿Es el orden en Génesis el orden con el que la ciencia está de acuerdo o no? La *velocidad* de la creación: ¿fueron 6 días de 24 horas o miles de millones de años? Hay una ligera discrepancia entre la ciencia y las Escrituras. Y el más importante: ¿cuál fue el *principio* de la selección: natural o sobrenatural?

Éstas son las tres cuestiones principales. Y luego concluiremos examinando el mensaje que se transmite a través de todo esto, que es muy simple: vivimos en un universo ordenado porque fue ordenado. Ese es el verdadero mensaje de Génesis 1 sobre el mundo en el que vivimos. Quiero leer ahora una paráfrasis de este capítulo. Dudé entre leer la versión bíblica normal o una paráfrasis, pero probablemente conozca muy bien la versión bíblica, así que la paráfrasis podría ofrecerle una lectura más fresca, pero verá cómo son mucho mejores las versiones normales cuando lo discutamos más adelante. Permítame leer la paráfrasis:

"Hace mucho tiempo, cuando no existía nada más, el Dios que siempre había estado ahí dio vida a todo el universo;

CREACIÓN

a todo lo que hay en el espacio, incluido este planeta. Al principio, la Tierra surgió como una masa de materia fluida inhabitable y deshabitada. Estaba envuelta en tinieblas y sumergida en el agua. El Espíritu mismo de Dios revoloteaba justo por encima del diluvio. Entonces Dios ordenó: 'Que entre la luz', y allí estaba. A Dios le pareció perfecto, pero decidió alternar la luz con las tinieblas, dándoles nombres diferentes, día y noche. La oscuridad original y esta nueva luz fueron la tarde y la mañana del primer día de trabajo de Dios.

"Entonces Dios habló de nuevo: 'Que haya dos depósitos de agua con una expansión entre ellos', así que separó el agua de la superficie de la humedad de la atmósfera y así es como surgió el cielo, como Dios lo llamó.

"Lo siguiente que dijo Dios fue: 'Que el agua de la superficie se concentre en una zona para que el resto se seque'. Y así sucedió. A partir de entonces, Dios se refirió al mar y a la tierra por separado. Le gustó lo que vio y dijo: 'Ahora que la tierra haga brotar vegetación, plantas con semilla y árboles con fruto, todos capaces de reproducirse'. Y aparecieron. Toda clase de plantas y árboles, cada uno capaz de propagar su propia especie. Todo encajaba en el plan de Dios. El trabajo del tercer día había terminado.

"Ahora Dios declaró: 'Que se hagan visibles en el cielo diferentes fuentes de luz. Distinguirán los días de las noches y permitirán medir las estaciones, los días especiales y los años, pero su finalidad principal será proporcionar iluminación'. Y así es, tal y como dijo. Las dos luces más brillantes son el sol más grande que domina el día y la luna más pequeña que predomina en el cielo nocturno, rodeados por las estrellas titilantes. Dios las puso allí por el bien de la tierra, para iluminarla, regularla y mantener la alternancia de luz y oscuridad. Dios se alegró de que su trabajo del cuarto día hubiera salido tan bien.

"La siguiente orden que Dios dio fue: 'Que el mar y el

cielo estén repletos de criaturas animadas, con bancos de peces nadadores y bandadas de aves voladoras'. Y Dios creó todas las especies que habitan los océanos, desde los enormes monstruos de las profundidades hasta los diminutos organismos que flotan en las olas; y toda la variedad de aves e insectos que vuelan al viento. Para Dios era un espectáculo maravilloso y los animó a reproducirse y a multiplicarse para que todos los rincones del mar y del cielo rebosaran de vida. Así terminó el quinto día.

"Entonces Dios anunció: 'Que también la tierra se llene de seres vivos: mamíferos, reptiles y animales salvajes de todo tipo'. Como antes, tan pronto como se dijo, fue hecho. Hizo toda clase de animales salvajes, incluidos mamíferos y reptiles, cada uno como un tipo distinto. Y todos le dieron placer. Llegados a este punto, Dios tomó una decisión trascendental: 'Hagamos ahora criaturas muy distintas, más de nuestra especie, seres humanos como nosotros. Ellos pueden encargarse de todos los demás, los peces del mar, las aves del cielo y los animales de la tierra'. Para parecerse a sí mismo, Dios creó a la humanidad para que reflejara en sí misma su corazón, su voluntad y su mente para relacionarse entre sí, macho y hembra entrelazados. Luego afirmó su posición única con palabras de generoso aliento: 'Produzcan mucha descendencia, porque van a ocupar y dominar toda la tierra: los peces del mar, las aves del cielo y los animales de la tierra son todos de ustedes. También les daré plantas con semilla y árboles frutales para que les sirvan de alimento. Los pájaros y las bestias podrán alimentarse de las hojas verdes'. Y así fue. Dios examinó todo lo que había hecho y quedó muy satisfecho. Todo estaba tan bien, tan hermoso, seis días de trabajo bien hecho.

El espacio exterior y el planeta Tierra estaban ahora completos en toda su inmensidad y variedad. Como no hacía falta nada más, Dios se tomó un día de descanso. Por eso

CREACIÓN

designó cada séptimo día como un día especial, apartado de los demás como un día para él solo, porque en ese día no estaba ocupado con lo que había sido su trabajo diario. Así nació nuestro universo y llegó a ser como es".

Las palabras poco familiares pueden hacer que nos resulte un poco más fresco.

¿Se da cuenta de que esas palabras que hemos leído, este capítulo que estamos estudiando, es una dos, un fraude o un milagro? Está escrito como el relato de un testigo ocular, de alguien que estuvo allí y lo vio suceder. Ahora bien, como es absolutamente imposible que un ser humano haya estado presente y haya hecho un informe, o se debe a una invención humana o a una inspiración divina; no hay otra opción. O es una conjetura y especulación total o es la verdad, porque hubo *un* testigo ocular; hubo una Persona que lo vio suceder y siete veces dice "Y Dios vio...".

Esa es la elección y la decisión básica que todo el mundo tiene que hacer con la primera página de la Biblia: ¿es una invención humana o inspiración divina? Porque no hay término medio, es una cosa o la otra. Y yo voy a ejercitar la fe y asumir que Dios estuvo allí y que fue testigo ocular y que lo está describiendo exactamente como fue. "Dio a conocer sus caminos a Moisés", dice uno de los Salmos, lo que significa que Dios tuvo que comunicarnos lo que ocurrió, y eso le plantea un problema a él. Siempre es un problema cuando estoy preparando estas charlas, porque estoy constantemente pensando cómo puedo presentarles esto de la mejor manera, en palabras que puedan entender, en formas de pensamiento que puedan captar, en imágenes que puedan ver. Constantemente tengo que estar pensando en usted, no solo en el estudio, no solo en el capítulo, sino en usted, si voy a comunicarle cosas.

Por lo tanto, tiene que adaptar su estilo a las personas a las que se dirige. Ahora, francamente, si yo estuviera dando una conferencia, como hice en Aberdeen a estudiantes de teología en la Universidad de la Iglesia de Escocia allí, usaría un lenguaje muy diferente. Winston Churchill tuvo el problema durante la Segunda Guerra Mundial. Él dominaba la lengua inglesa mejor que casi nadie que yo conozca. Cuando escribía libros, utilizaba un total de 25.000 palabras. Ése era su vocabulario, mientras que las personas normales utilizamos 5.000 palabras a lo largo de nuestra vida. Cuando Winston Churchill preparaba sus discursos para la radio, recortaba 20.000 de sus palabras y se limitaba a hablar con las 5.000 palabras que sabía que usábamos. Decía cosas como: "No tengo nada que ofrecerles salvo sangre, lágrimas, trabajo y sudor" y "Nunca tantos debieron tanto a tan pocos", y sobre la amenaza de Hitler de retorcerle el pescuezo a esta gallina, decía: "¡Vaya gallina! ¡Vaya cuello!". Deliberadamente simplificó su lenguaje, su estilo. Si lee sus libros, era un maestro de la gramática inglesa. Cuando alguien dividía un infinitivo en la Cámara de los Comunes, decía: "Ese es un ejemplo de inglés extremadamente malo que no voy a tolerar". Podía hacer eso, pero cuando hablaba con nosotros, la gente común, se comunicaba en un lenguaje que podíamos entender.

Ahora bien, aquí está Dios y está queriendo comunicar la historia de su creación. No se la está comunicando a otro dios, porque no hay ninguno. Está comunicando la historia a una parte de su creación, porque los seres humanos son la única parte de su creación que leerá esta historia o sabrá de dónde viene. Por lo tanto, tuvo que adaptar su estilo a nosotros y por eso simplificó toda la historia, casi hasta el punto de distorsionarla, para poder escribirla de forma que la entendieran todos los hombres y mujeres de todos los tiempos y de todo el espacio. La razón por la que hago hincapié en esto es que no deben esperar que se trate de una afirmación científica. Si lo hubiera expresado en lenguaje científico, habríamos tenido que esperar hasta el siglo XX para que alguien lo hubiera entendido.

Muchas de las discusiones se basan en el simple malentendido

CREACIÓN

de que escribió este capítulo para gente común y corriente de todos los tiempos y de todos los espacios, por lo que tuvo que simplificarlo al máximo. Solo utiliza 76 palabras diferentes para decirnos todo. Y todas son palabras que se encuentran en todos los idiomas de la tierra. ¿No es extraordinario? Ahora, en mi paráfrasis que acabo de darles usé casi 300 palabras y tendría que ser reescrito prácticamente cada generación. Ahora ven por qué era una alternativa tan pobre. ¿Me sigue?

Lo escribí para usted, pero si estuviera en otro lugar, tendría que volver a escribirlo. Pero Dios iba a escribirlo una sola vez para todo el mundo, así que solo utilizó 76 palabras. Todos los hombres de la tierra han sabido qué es el cielo, qué es la tierra, qué es el mar, qué son los pájaros y qué son los peces: son conceptos comunes a toda la raza humana. Cuando leo este capítulo, me doy cuenta de que tiene el sello de un Autor divino. Siempre se necesita un gran cerebro para hacer algo simple. ¿Se dio cuenta? Los no tan expertos son los que usan las grandes palabras; ¿lo ha notado también? Los grandes hombres siempre pueden explicártelo con sencillez.

Alguien preguntó una vez a Albert Einstein: "Explíqueme la relatividad del tiempo". Un hombre menor podría haberlo recubierto en términos científicos. ¿Sabe lo que dijo Albert Einstein? Dijo: "Cuando estoy con una chica guapa dos horas parecen un minuto, pero cuando estoy sentado en una estufa caliente un minuto parecen dos horas". Eso fue todo lo que dijo, y en términos totalmente simples que cualquiera podía entender explicó la relatividad del tiempo. Ese fue el hombre que resolvió los enigmas del universo.

Ahora bien, si un gran *hombre* puede explicar las cosas de manera sencilla, entonces se necesitaría un Dios realmente grande para escribir la historia de la creación en un lenguaje que cualquier hombre en cualquier lugar pudiera comprender. Así que no espere un lenguaje científico. La palabra clase o género, por ejemplo, no significa especie. Solo significa clase o género. ¿Me entiende? Y así, en la vegetación, Dios dice que hay tres clases: hay plantas pequeñas que él llama pasto. Y luego dice que hay otras más grandes que llama hierbas y luego otras más grandes llamadas árboles. Esas son las únicas tres clases que menciona. Así que no piense que está hablando de especies o géneros o filos o todos esos otros términos científicos. Solo está hablando de diferentes clases. Cuando habla de los animales, menciona tres clases: domesticados, animales de caza y animales salvajes. Todo hombre conoce esas tres clases de animales: los animales que uno mismo cría, los animales que caza y mata para comer y los otros animales con los que nunca tiene nada que ver. Tres clases de animales, y todo hombre entiende esas tres clases. Como ve, no espere un tratado científico. Es completamente simple transmitir la verdad que Dios quería transmitir y que era: Yo lo hice, cada parte de ello. Es un mundo ordenado en el que vives porque yo lo ordené de esa manera. Esa es la verdad. Me maravilla la forma en que lo ha hecho. Hay incluso más que eso. De hecho, nos cuenta la historia desde el punto de vista de alguien que estaba parado en la tierra en aquel momento. Qué condescendencia, que Dios en el cielo nos cuente la historia como si estuviera parado en la tierra y cómo se veía desde allí. Así que el sol está arriba, ¿sabe? Puede usar lenguaje humano como salida y puesta del sol. Sabemos que el sol no sale y sabemos que no se pone. Es el mundo el que gira, pero él dijo: "Lo veré a tu manera para que puedas entender". Así que hablamos de las estrellas arriba en el cielo. No están arriba para Dios. De hecho, uno de los Salmos dice que Dios tiene que inclinarse para mirar las estrellas. ¿No es hermoso que nos hable de las estrellas arriba en el cielo? Lo dice desde nuestro punto de vista, y veremos que eso responde a varias cosas.

Entonces, los científicos pueden decir: "Es ridículo hablar de las estrellas arriba en el cielo; no están arriba. Y es ridículo hablar de la salida del sol; no sale". Dejaremos al científico con sus objeciones nimias y yo seguiré hablando de la salida del sol. Gracias a Dios que no se enreda en jerga científica. De lo

CREACIÓN

contrario, nos dejaría estupefactos a la mayoría. Con frases tan cortas y sencillas como "Y vio Dios que era bueno", apenas hace falta pasar del inglés/español de la escuela primaria para recibirlo, y sin embargo todo está ahí.

Lo siguiente de lo que me gustaría hablar es de la estructura de este capítulo, que es muy singular. Es notable la forma hermosa en que está armada la historia, muy fácil de recordar. Se nos da en forma de siete días. Dejaremos a un lado el séptimo por un momento porque era su día libre, y consideraremos los seis días. Una vez más, está hecha de una forma hermosa. Hay tres días y tres días, y antes de que nos diga lo que hizo en esos dos grupos de tres días, dice que la tierra no tenía forma y estaba vacía. Era solo una masa de materia sin rasgos y sin vida. Así que en los primeros tres días se dispuso a hacerla habitable. En lugar de ser una masa informe, empezó a separar unas cosas de otras: la luz de las tinieblas el primer día; el mar del cielo el segundo día; la tierra de los océanos el tercer día. En esos tres días preparó el hogar. Estaba formando un entorno en el que la vida era posible. Esas tres cosas no han sucedido en ningún otro planeta del universo.

Para Dios, este es el centro del universo, como dije en el capítulo anterior. Pasó tres días preparando la casa y luego otros tres días llenándola de habitantes particulares. Así que la tierra que no tenía forma ahora tenía forma y la tierra que estaba vacía ahora estaba llena. Y llenó cada parte de ella; cada parte que había hecho la llenó con una creación particular. ¿Puede ver el hermoso orden? Podría escribirlo, podría memorizarlo. Así de simple: tres días para preparar el lugar, tres días para llenarlo. Separó la luz de las tinieblas y puso el sol, la luna y las estrellas. Separó el mar del cielo y puso esa atmósfera vital en medio. Y, por cierto, eso ocurrió porque el gas que estaba en la roca fundida se liberó y separó la humedad en dos tipos de humedad: agua en la superficie y nubes en el cielo. Esa atmósfera vital tan delgada, nunca dejo de maravillarme cuando estoy volando de lo delgada, lo finísima que es esa coraza en la que vivimos con seguridad, que nos protege del calor y del frío y que nos permite respirar. Y solo tiene unos pocos kilómetros de profundidad, sumamente delgado comparado con el tamaño de la Tierra. Dios tuvo que crear esa atmósfera porque nos quería allí.

Luego separó la tierra del mar. Entonces, en el mar y el cielo, cuando los hubo separado, luego puso pájaros en el aire y peces en el mar, literalmente para que se multiplicaran por millones, para llenar de vida cada parte de esa cosa. Después, cuando creó la tierra y el mar, también mediante un proceso de separación de lo húmedo y lo seco, pudo poner allí a los animales y a los hombres. Es tan ordenado, ¿verdad? Es tan lógico, tan sencillo. No voy a ocuparme ahora de los problemas. Quiero que capte el orden básico y la simplicidad de esto antes de que tratemos con los problemas, porque algunas personas se atascan demasiado en los problemas antes de que hayan captado la belleza de esto y hayan visto el orden de esto y lo que Dios está diciendo.

También hay una característica matemática única en este capítulo: todo está expresado de tres en tres, de siete en siete o de diez en diez, lo que nos dice que Dios es muy matemático. Esto es así en toda la Biblia. Dios tiene una mente matemática, una mente ordenada. Si usted tiene inclinaciones matemáticas, tendrá una mente ordenada, analítica y le gustarán las cosas prolijas como esta. Dios es muy matemático. Me refiero a que si toma los grupos de tres hay tres días para prepararlo y tres días para llenarlo. Tres veces crea algo: la materia, la vida y el hombre. Cuando llega al hombre, la palabra "creó" se utiliza tres veces para el hombre. Tres veces nombra las cosas, tres veces las bendice, tres veces las crea; todo es de tres en tres. Y en un momento veremos que Dios mismo aparece como tres en el primer versículo. ¿No es asombroso?

Siete veces vio Dios lo que había hecho y lo miró detenidamente. Siete veces dijo "Está bueno". Todo fue completado en siete días. El primer versículo en hebreo tiene solo siete palabras, y encontrará que el siete es uno de los números favoritos de Dios.

CREACIÓN

Es una especie de buen número redondo para él. Es un número perfecto, un número completo. Y encontrará que las cosas están en sietes. Aquí no encuentra cosas de dos en dos o de cinco en cinco. Todo está en tres y sietes, y además aparece el diez. Ese es un número favorito de Dios, especialmente cuando habla. Le encanta dar diez mandamientos. Y antes de dar los Diez Mandamientos a Moisés, dio diez mandamientos a la creación.

Dios es una persona muy ordenada. Le gustan las cosas ordenadas; le gustan las cosas prolijas. Pero no le gustan las cosas uniformes; ama la variedad. Así que le gusta el orden pero también la variedad, y vamos a ver dentro de un momento que es muy pertinente para la discusión sobre la evolución. Dios es un Dios que ama el orden y ama la variedad. Le gusta que todo esté en su lugar, pero le gusta que todo sea diferente. Creó este mundo de una manera que significaba que tendría unidad y variedad, pero no uniformidad. La evolución no podría haber producido eso.

En todo esto hay un contraste total con todas las demás religiones del mundo. Tendrá que creer en mi palabra, pero recientemente los estudiosos han desenterrado otros relatos de la creación en otras religiones. Han encontrado el relato babilónico de la creación. Si lo lee, es tan diferente de Génesis 1 que la tonta idea de que Moisés lo copió de Babilonia es una locura. En esas otras historias no hay orden. Están llenas de palabras floridas, llenas de metáforas oscuras y figuras del lenguaje. Este es el único que es un relato directo, simple, ordenado; es singular.

Ahora veamos el pasaje antes de los problemas. Está lleno de frases muy sencillas y, si me permiten un pequeño recordatorio sobre gramática, una frase se compone básicamente de tres partes: un sujeto, un verbo y un objeto. El verbo normalmente tiene que concordar con el sujeto, así que si el sujeto es singular, el verbo tiene que ser singular. Si el sujeto es plural, el verbo debe ser plural. Dios rompe la regla gramatical de inmediato, porque no hay un solo verbo que concuerde con el sujeto en ninguna frase de este capítulo. Esto es un poco chocante, y debería ser así en hebreo, en griego y en cualquier otro idioma. Pero aquí no es así, y vamos a aprender algo muy sorprendente. Veamos el sujeto único; hay un sujeto en cada frase: Dios, Dios, Dios, Dios. En cada frase él es el sujeto, él lo inicia todo. Él da comienzo a todo lo que sucede. Luego hay cinco verbos: creó, hizo, dijo, vio, bendijo. Pero ninguno de ellos está en el mismo número —como debería ser— con el sujeto. Todos los verbos son singulares, pero el sujeto es plural. ¿No expande un poco su imaginación? Veamos al sujeto primero. Es Dios, y hay un nombre único para Dios usado aquí, Elohim, Elohim, E-l-o-h-i-m, que no es una palabra singular sino una palabra plural. Podemos tener tres clases de sustantivos hebreos. Uno es singular, y significa uno, luego hay otra forma, que es dual, que significa dos y luego hay otra forma que es plural, que significa por lo menos tres.

Ahora bien, en inglés/español usualmente solo tenemos singular y plural, que significa dos y más, pero los hebreos tenían 1, 2, y luego 3 o más. Elohim es tres; ¿no es asombroso? Casi se podría traducir: "En el principio, dioses crearon". Es plural y significa tres. En la primera frase nos encontramos con la Trinidad, algo extraordinario, ¿verdad?

¿Hay algún rastro de las tres Personas que componen la Divinidad en el resto de Génesis 1? Sí, si nos fijamos. Uno o dos versículos después se habla del Espíritu de Dios, y ahí aparece el segundo. Sabemos que hay al menos dos porque más adelante comienza una frase: "Haga*mos* al hombre..." así que hay alguien más por ahí. Y de un modo más sutil —y aquí creo que necesitaría leer también el Nuevo Testamento para hacerse una idea completa—, entre Dios y su Espíritu hay una Palabra que pasa de un lado a otro; hay una Palabra entre ellos. No sé si usted pensaba que Dios hablaba con la nada. Yo solía pensar eso hasta que leí la Biblia con un poco más de cuidado. Pensaba que cuando Dios dijo: "Sea la luz" se hablaba a sí mismo o le hablaba a la nada. ¿Pensaba eso usted? Pero cuando lee detenidamente Génesis 1, le estaba hablando a su Espíritu. Estaba dando órdenes

CREACIÓN

a su Espíritu.

El Espíritu estaba esperando esas órdenes, revoloteando sobre el caos, esperando para darle forma, esperando para hacer algo al respecto. De hecho, la palabra literal es: "El Espíritu *revoloteaba* sobre el diluvio", porque la tierra no era más que una masa fluida de materia. Era toda liquida. Estaba cubierta de agua y había oscuridad. Y el Espíritu estaba revoloteando sobre la tierra. Esa es la palabra literal, revoloteando. Solo ocurre una vez más en los primeros cinco libros de la Biblia en un lugar en Deuteronomio donde dice, "Como la madre águila revolotea sobre su nido" para agitarlo y hacerlos volar; es la misma palabra. En otras palabras, revolotear para hacer algo por debajo, para mover la situación. Es una imagen vívida del Espíritu de Dios diciendo: "Bien, estoy listo para mover todo esto. Estoy listo para hacerlos volar, estoy listo para hacer algo". Está esperando órdenes. ¿No lo emociona? Ahora sabe con quién está hablando Dios Padre.

Dios dice: "Deja entrar la luz". El Espíritu dice: "Bien". Y se hace. El Espíritu de Dios es el ejecutivo de Dios; hace que las cosas se hagan. Por eso fue el Espíritu de Dios quien lo convenció a usted de pecado. Fue el Espíritu de Dios quien lo trajo al nuevo nacimiento. Es el Espíritu de Dios quien hace lo que Dios Padre le dice que tiene que hacer. Por eso necesitamos al Espíritu Santo para hacer la obra de Dios, porque él hace lo que Dios dice.

Así, entre ellos pasa una Palabra. Ahora bien, para nosotros una palabra suele ser simplemente un pensamiento expresado, es un sonido, pero la Biblia dice que cuando Dios habla es algo más que un sonido. La Palabra es en realidad una Persona, dice que el método de comunicación de Dios es una Persona, y si quiere profundizar, lea los primeros versículos del Evangelio de Juan: "En el principio era la Palabra y la Palabra estaba con Dios y la Palabra era Dios", y luego dice: "Sin él no se hizo nada de lo que se ha hecho". Sin la Palabra de Dios nada fue hecho de lo que ha sido hecho, y la Palabra era el vínculo entre Dios Padre y su Espíritu.

Los siete días de la creación

¿Ahora empieza a ver algo? Si quiere otro pasaje para leer, entonces Colosenses capítulo 1 y versículos 15 a 17 es otro que recoge esta idea. Dice que por medio de Cristo todas estas cosas llegaron a existir. Jesús, el Hijo de Dios, es la Palabra, la comunicación entre Dios y su Espíritu. Así que ahora mismo, el tema del capítulo 1 es el Padre, el Hijo y el Espíritu; la Trinidad está ahí mismo en la creación, los tres. Pero están tan unidos y tan en armonía en todo lo que hacen que Dios utiliza verbos en singular. En el principio Dioses creó; plural, singular. Tres, uno. Me parece asombroso. ¿A qué autor humano se le habría ocurrido inventar esto? Esto debe venir de Dios. Lo lamento, pero no hay alternativa. Realmente debe venir de la única Persona que sabía lo que estaba pasando. "En el principio Dios [tres] creó [uno]". Y tres en perfecta armonía, más cerca que trillizos. Por eso hemos tenido que acuñar la palabra Tri-unidad, o Trinidad. Porque necesitábamos algo aún más cercano que tres personas iguales entre sí.

Ese es el tema. Cuando Dios dijo: "Hagamos al hombre", veo a los tres reuniéndose y diciendo: "Hagamos algo que sea realmente especial". Es en ese momento que estallan en poesía. El único versículo en todo el capítulo que está en poesía es cuando deciden hacer al hombre. La razón es que siempre que la Biblia habla en prosa le está hablando a nuestra cabeza, pero cuando habla en poesía le está hablando a nuestro corazón. La mayoría de las profecías vienen en poesía, por cierto, lo cual es intrigante.

Ahora veamos los pocos verbos. Recuerdo lo que dije en el último capítulo: que hay una diferencia entre *creó* e *hizo*. *Hizo* es un verbo que se aplica al hombre en el resto del Antiguo Testamento. *Creó* nunca. *Creó* significa aportar cosas tan nuevas a la situación que ha sucedido algo fundamental nuevo que nunca habría sucedido a partir de la situación misma. Mientras que hacer algo es tomar lo que ya está ahí y cambiar su forma. Dios produjo la creación con una combinación de desviaciones radicales totalmente nuevas —fundamentalmente nuevas— y

CREACIÓN

también desarrollando lo que ya existía. Por tanto, hay lugar para *cierta* evolución, pero no para la evolución total. ¿Me sigue en eso? Tuvo que traer algunas cosas totalmente nuevas. Los tres puntos en los que tuvo que hacer algo totalmente nuevo fueron la materia, la vida y el hombre. Ninguna de esas cosas habría llegado si Dios no hubiera introducido algo radicalmente nuevo en la situación. Pero entremedio dice, hizo, hizo, hizo. Tomaba algo que ya existía, lo cambiaba; tomaba algo, lo cambiaba. Los científicos hablarían de mutación. Yo prefiero las palabras *creación* e *hizo*. Esos son los dos verbos, todos en singular.

Existe el verbo *dijo*, que ya hemos visto, los diez mandamientos de la creación, en singular. Está el verbo *vio*, singular, pero siempre es "Y Dioses" vio que era bueno. Y luego está la palabra *bendijo*. El primer capítulo de la Biblia incluye bendijo. Eso me entusiasma. Dios no solo nos creó, sino que quiso bendecirnos desde el principio. Bendijo a los animales y nos bendijo a nosotros. Bendijo a los pájaros y a los peces. Tuve que preguntarme ¿qué significa bendecir, si se puede bendecir a los animales? ¿Cómo los bendecimos? Y llegué a la conclusión de que el significado básico de la palabra *bendecir* es permitirnos tener más de lo que tenemos que es bueno. Es una definición muy sencilla. Si tenemos algo realmente bueno, bendecirnos es darnos más de ello. ¿Me sigue? Entonces, bendijo a los animales y dijo, ahora multiplíquense y tengan más. Si bendice a la iglesia, le dará más gente. Si ha encontrado alegría en el Señor, si le bendice le dará más alegría. ¿Me sigue?

Bendecir es multiplicar lo bueno que ya existe. Dios dijo: "Yo los bendigo; ahora llenen la tierra". Cuando miré algunas de las cifras, como un bacalao que tiene 150 millones de huevos, pensé: "Vaya, eso es toda una bendición". ¡El potencial! Cuando considero que millones de toneladas de pescado se extraen de los océanos del mundo cada año. Cuando pensamos en la bendición que Dios tuvo que derramar para mantener eso. Este es un mundo bendecido, y él quiere bendecirnos también, darnos más de las

Los siete días de la creación

cosas buenas que él sembró en nuestras vidas. Ahora veamos los muchos objetos que hay aquí. No es una lista exhaustiva. Hay muchas cosas en la creación que no se enumeran en Génesis 1. Dios nos da una lista de las cosas que forman el entorno del hombre, las cosas con las que tenemos que tratar —plantas y árboles y animales, y nosotros, y el cielo y el mar y la tierra— y por eso la mantiene muy simple. Quiero que note que la creación no fue instantánea. Se produjo por etapas. Esto también es una revelación. Es asombroso que ellos supieran que en los días del Antiguo Testamento Dios no solo dijo "mundo" y un segundo después todo estaba aquí. Dios nos dijo que lo hizo por etapas, lo desarrolló. La ciencia es la primera en estar de acuerdo en que así es como sucedió. Dios se tomó un poco de tiempo. Creo que disfrutó tanto haciéndolo que quiso seguir haciendo algo y luego dar un paso atrás y mirarlo.

¿Usted hace las cosas así? ¿O es el tipo de persona impaciente y presa del pánico a la que le gusta tenerlo todo hecho de un tirón? Me temo que yo soy un poco así. Pero cuando intento ser paciente, puedo hacer un poco, dar un paso atrás y decir: "Eso está bien". Luego hago un poco más, doy un paso atrás y digo: "Eso está aún mejor"; hago un poco más, lo alargo y lo disfruto. De hecho, creo recordar que mis padres solían decirme mucho que no lo hiciera todo de una vez. Si me daban un rompecabezas, bajaba la cabeza y tenía que terminarlo. Así que mis regalos de cumpleaños y Navidad se agotaban bastante rápido. "No lo hagas todo a la vez" o "No te lo comas todo a la vez". Dios dijo: "No voy a hacerlo todo a la vez", y no lo hizo todo a la vez. Lo hizo por etapas.

Me encantaría dedicar mucho tiempo a cada uno de los días, pero repasémoslos rápidamente y digamos algunas cosas. El primer día —que debe haber sido un día muy, muy largo porque incluye todo el período en que la tierra estaba en la oscuridad y el período en que estaba con luz— es lo que hizo la primera tarde y la primera mañana. Por eso los judíos cuentan el día desde

CREACIÓN

las 6 de la tarde a las 6 de la tarde; la noche es la primera parte del día. Ellos copian a Dios de esa manera. Nosotros seguimos a los romanos y contamos de medianoche a medianoche. Verá que ese primer día entero sale directamente del versículo 1, a través de toda la oscuridad y luego a través de la luz, y hubo tarde y mañana, el primer día. Eso comienza a ayudarnos con el problema de los días.

Pero todo comenzó en la oscuridad. Allí había dos cosas que eran vitales para la vida. Una era la materia y la otra, el agua. Me pregunto si se da cuenta de lo vital que es el agua para nuestra vida. ¿Y que este planeta es único por su cantidad de agua? Yo soy siete octavos de agua. No tengo agua en el cerebro, espero, ¡pero siete octavos de agua! Esto se aplica a casi todos los seres vivos. Esta cosa única, solo dos átomos de hidrógeno, uno de oxígeno —y ese increíble enlace de hidrógeno que significa que disuelve casi cualquier cosa— transporta 60 cosas diferentes en nuestra sangre, relacionadas con la temperatura. Es el único líquido inorgánico que ocurre de manera natural. En teoría debería ser un gas, pero no lo es, es un líquido. Dios hizo el agua. Podría pasarme todo este capítulo hablando del agua. Usted debería dar gracias a Dios cada vez que la beba. La damos por sentada porque hay mucha a nuestro alrededor, especialmente cuando los cielos se abren y cae mucha sobre nosotros. Pero le digo que es una bendición. Es una verdadera bendición.

Había materia y había agua, pero se necesita una cosa más para la vida: luz. Y Dios se encargó de que la tuviéramos. Aún no sabemos qué es la luz. Sabemos que viaja a una velocidad increíble, unos 300.000 kilómetros por segundo. ¡Qué velocidad! Tiene que recorrer todo ese camino desde el sol cada mañana para llegar aquí, para crear luz. Y llega. No tarda mucho en llegar. Todavía no sabemos lo que es; algo que ver con los electrones en movimiento de un nivel de energía a otro que provoca un destello. Podemos describirlo; en realidad no sabemos qué es ni cómo se desplaza, pero no podríamos vivir sin él. Dios está creando un entorno para la vida, y el cuidado con el que introduce cada cosa que es absolutamente necesaria. Es una locura creer que esto simplemente sucedió. Me pide que crea demasiado.

Cuando estuve en la Real Fuerza Aérea, era capellán de los ateos. Había tres capellanes, CR (católicos romanos), C de E (Iglesia de Inglaterra) y OD, que significa Otras Denominaciones, y yo era OD. Eso significaba que después de que los CR y los C de E habían tenido su elección, yo tenía el resto. Así que tenía metodistas, presbiterianos, bautistas, congregacionalistas, musulmanes, budistas, hindúes, agnósticos y ateos. Cuando un hombre se registraba como ateo, lo primero que le decía era: "Felicitaciones por tu fe. Yo no tengo tanta fe. Creer que la nada se transformó en algo y se convirtió en todo esto por sí mismo, simplemente no puedo creerlo. Lo siento. Así que déjame darte la mano y felicitarte por tu fe". Lo segundo que le decía era: "Si mueres mientras estás bajo mi cuidado, te prometo que en tu funeral no habrá oraciones, ni himnos, no leeré la Biblia, no mencionaré a Dios. Solo diré que estás muerto y te has ido". Y descubrí que hay muchos ateos que están preparados para vivir como ateos, pero no están tan felices de morir como uno. Entonces solía decir: "Ahora siéntate y dime en qué clase de dios no crees". Cuando lo hacían, invariablemente podía decirles: "Eso también me convierte en ateo, porque yo tampoco creo en ese tipo de dios. Simplemente te han informado mal". ¡Qué importante es conocer a la gente justo donde está! Yo no podría ser ateo. No tengo tanta fe para creer que el agua —esa cosa vital para nosotros—, que la luz —esa cosa vital—, que todo ha sido tan perfectamente dispuesto, que dentro de una tolerancia muy estrecha de temperatura y distancia —estamos justo a la distancia correcta del sol—, que todo está perfectamente dispuesto para la vida. No me pida que crea que eso fue un accidente. No puedo, no tengo tanta fe. Así que llegó el día 1 llegó y se fue, y fue un buen día.

Llegó el día 2 y llegó la atmósfera. Yo sería un hombre muerto

CREACIÓN

si subiera 50 kilómetros o bajara 50 kilómetros. Esos astronautas que subieron en el transbordador tuvieron que llevar todo un suministro de atmósfera con ellos. Cuando el astronauta ruso regresó a la tierra, le dijeron: "¿Viste a Dios?" "No, lo siento. No vi a Dios y no vi ningún ángel". Cuando el astronauta estadounidense regresó, le dijeron: "¿Viste a Dios?" Y dijo: "No". Dijeron: "¿Te *encontraste* con Dios?" Dijo: "No, pero lo habría encontrado si hubiera salido de mi traje espacial". Somos criaturas de esta pequeña y delgada atmósfera y no podemos ir a ninguna parte fuera de esa atmósfera. Tendremos que llevarla con nosotros. Ahí es donde pertenecemos. Y está bien.

Día 3. Aquí Génesis nos dice que la tierra seca surgió de los océanos. ¿Cómo sabría eso un antiguo hebreo? ¿Cómo iba a saber que se puede escalar los Alpes y encontrar conchas marinas en su cima? ¿Cómo iba a saber que las colinas de creta de Basingstoke están formadas por millones de diminutas criaturas marinas que vivían en el océano? Una vez más, tiene el sello de la revelación divina. ¿Qué ser humano especularía que las montañas más altas surgieron del agua? Una y otra vez, encontrará en Job y en el libro de Salmos y en todas partes cuán cuidadoso fue Dios al decidir hasta dónde podía llegar el mar y al establecer sus límites. Si los casquetes polares se derritieran, entonces los océanos del mundo se elevarían 60 metros y la mayoría de las principales ciudades del mundo estarían debajo, porque la mayoría de las principales ciudades están por debajo de esos 60 metros. La barrera del Támesis no serviría para nada. Cantamos sobre ello: "Padre eterno, fuerte para salvar, que obliga al océano poderoso sus límites guardar". Qué precarios somos, pero Dios ha dicho: "Hasta aquí y no más allá; ese es el límite". Estableció la tierra seca y el mar. Hay una mente detrás. No es un mecanismo, es una mente que lo pensó todo. Tan pronto como tuvo tierra seca, dijo: "Tengamos algo de vegetación". Y en este punto quiero que note que dijo, que la *tierra* produzca vegetación, como si de alguna manera hubiera incorporado al suelo la capacidad de producir vida vegetal. Quiero que note en esa pequeña frase, "Que la *tierra produzca*", casi como si dijera: "Ahora puedes hacerte cargo un poco. Y eso, de nuevo, creo que deja cierto espacio para el desarrollo natural dentro de Génesis 1.

Día 4. Me estoy apresurando. Más tarde abordaré el problema de que tuvieron luz tres días antes del sol. Me ocuparé de eso más tarde. Quiero que se fije en lo positivo que dice esto: el *sol* está ahí para mí, la luna está ahí para nosotros. Es un concepto asombroso. De alguna manera altera nuestra forma de pensar sobre todo el universo. No se siente empequeñecido, no se siente solo. El hombre moderno tiene tanto miedo de ser la única vida en el universo que tiene que llenar ese espacio vacío con ciencia ficción. Encuentro que hay una paranoia en nuestra sociedad. Dicen: "¡Socorro, socorro! Sin duda que hay alguien ahí fuera; seguro que hay vida ahí fuera; seguro que hay alguien que quiere visitarnos". Es así. Y ese es el miedo profundamente arraigado detrás de todas estas películas. Quieren creer que hay alguien ahí fuera. Este es el único planeta en el que hay este tipo de vida. Pero no me siento asustado por eso. No me siento solo por eso, porque Dios está ahí fuera. Y también hay ángeles ahí fuera. Hay vida ahí fuera, pero no es el tipo de vida que la ciencia ficción intenta desesperadamente crear.

En el mundo antiguo adoraban al sol. Incluso hay una isla en los mares del sur del Pacífico donde adoran a la luna, y alguien preguntó: "¿Por qué adoran a la luna?". Respondieron: "Para nosotros es más importante que el sol. El sol sale durante el día cuando hay luz, pero la luna sale por la noche cuando está oscuro. Así que nosotros adoramos a la luna". ¿No es patético? Los antiguos egipcios adoraban al sol y esta tierra en la que vivimos adora al sol. Por eso este día se llama en inglés *Sun*day (día del sol, *sun*, domingo). Y por eso celebrará el 25 de diciembre la fiesta pagana del sol. Es el cumpleaños del dios sol, cuando la gente se dio cuenta de que los días se hacían más largos, por lo que

CREACIÓN

el sol había renacido. Estamos plagados del sol. Si un visitante de Marte viniera aquí durante el mes de agosto, asumiría que el 90% de los británicos eran adoradores del sol, basándose en el hecho de que van a los confines de la tierra para adorar al sol, y se postran ante él. Pero Génesis dice que el sol, la luna y las estrellas no son más que farolillos de Dios y están ahí para servirnos. Están ahí para regular la tierra, para gobernar la tierra para que nunca se desequilibre, y el solo agrega las estrellas como una bonificación. "Y las estrellas", como si no fueran importantes. Sin embargo, la mayoría de la gente de su ciudad cree que las estrellas las gobiernan.

Una vez un hombre me dijo: "Sin duda está en la Biblia la astrología, si había una estrella sobre Belén". Le dije: "Se equivoca otra vez. Usted está tratando de decirme por la astrología que las estrellas en el cielo afectan el nacimiento de un bebé en la tierra. En Belén, fue el nacimiento del bebé en la tierra lo que afectó a las estrellas. Lo ha entendido al revés". De hecho, todas esas estrellas y ese sol y esa luna están ahí para servirnos. Eso es lo que Dios está tratando de decirnos. Él los puso ahí para nosotros. Sí, podemos disfrutarlas. Pero nunca sea tan tonto como para pensar que está bajo ellas. No es así. Están ahí para servirlo. Son parte de la creación de Dios. Eso debería mantenerlo alejado de los horóscopos para el resto de tu vida.

Día 5: vida aérea y acuática. Aquí aparece una nueva palabra: criaturas *vivas*, literalmente criaturas que se mueven, criaturas animadas que pueden decidir adónde van. Una planta no puede decir: "Creo que voy a moverme de aquí". Un árbol no puede decir: "Me voy a Bognor Regis para el verano". Pero hay pequeños pájaros que viajan 10.000 kilómetros durante el verano. Dios dice: "En este punto tuve que introducir algo fundamentalmente nuevo. Tuve que hacer un acto creativo de nuevo". Así que hay una diferencia entre la vida inanimada y la vida animada. El término ser *vivo*, que se aplica aquí, es exactamente el mismo que en Génesis 2, cuando Dios sopló en el polvo y Adán se convirtió en un ser animado. Así pues, el término *alma viviente* se aplica a los animales y a los hombres en términos bíblicos. Significa un ser animado, algo que decide por sí mismo adónde va. Los animales pueden hacerlo, pero las plantas no, y esto requirió un nuevo acto creativo de Dios para traer algo muy nuevo a la situación, para hacer que las criaturas animadas se movieran alrededor de la tierra. Comenzó con el mar, con lo que la ciencia está de acuerdo, por cierto, y nació la vida marina. Y aparecieron los pájaros. Más tarde veremos que también llegaron los animales. Y los bendijo. Tengo un montón de cifras y números. Él clasifica a los peces en dos grupos, los monstruos y los pequeñitos. La criatura más grande del mar es en realidad 100 mil millones de veces más grande que la criatura más pequeña del mar. Aquí Dios está hablando de la creación de los enormes monstruos de las profundidades y los organismos diminutos. Esa es la diferencia: cien mil millones de veces, el calamar gigante más grande comparado con la diatomea más pequeña. Dios hizo cada uno de ellos cuidadosamente. Si hay algo que me impresiona al estudiar el universo —y me he sentado en un observatorio bajo un enorme telescopio reflector, y también he pasado meses en laboratorios diseccionando cosas mirando a través de microscopios electrónicos— es que, tanto si miramos a través de un telescopio como de un microscopio, todo ha sido cuidadosamente hecho. El detalle es increíble. Dios se preocupó tanto por el minúsculo universo de un átomo como por el universo entero con sus cuerpos girando en el espacio. Así que hay grandes y pequeñas —todas las criaturas grandes y pequeñas— y él los hizo a todos.

Día 6. Es el único día en hebreo que se llama "*el* día". Hasta ahora dice "la tarde y la mañana, un día", "tarde y mañana, dos días" y luego dice, en *el* sexto día. Viene algo especial. En *el* sexto día, ¿qué es tan especial? No creo que sean los animales, aunque son la forma de criatura más cercana a nosotros; habitan el mismo entorno. Y una vez más, los hombres han caído en la

CREACIÓN

idolatría y han adorado a los animales. Uno va a la India y miras esas vacas sagradas. Me enferma. He conducido por Bombay y he visto a bebés pequeños tirados en la cuneta a un palmo de las ruedas del coche y a nadie parece importarle. Si atropella a un bebé en la cuneta por la noche, pues qué pena; eso ocurre todo el tiempo. Pero si atropella a una vaca sagrada, tiene problemas. Es una locura. Hay que liberar a la gente enseñándole Génesis 1. Los animales son animales y el hombre es hombre.

Ahora, no voy a decir nada en este capítulo acerca de la creación del hombre porque quiero tratar con el hombre como un tema aparte en el próximo capítulo. Su lugar en la creación, su naturaleza y su ambiente. Solo quiero que note que aquí él es la obra maestra de Dios, la única parte de la creación sobre la cual Dios dijo: "Pongámonos en esto". Todo artista quiere crear un cuadro que sea él, que contenga toda su creatividad. Si le pregunta a un artista, ¿cuál es tu mejor cuadro?, siempre dirá: "Mi próximo cuadro", porque se está esforzando por conseguir el cuadro perfecto que encarnará todo lo que tiene dentro de sí mismo. Dios dijo: "Ahora vamos a hacer la obra maestra", y vertió todo de sí mismo. Utiliza la palabra *creó* tres veces de esta única criatura como si hubiera algo tan diferente, tan nuevo, tan radicalmente diferente de todo lo anterior que simplemente tuvo que hacerlo desde cero.

Y es en ese punto donde planteamos una *enorme* pregunta sobre la evolución. Puedo ver en el Génesis espacio para la evolución dentro de las plantas, dentro de los límites de ciertos grupos de animales, pero si me dice que salí de un zoológico o que salí arrastrándome de un fango, me destruye; me trata como a un animal, ¡y no lo soy! Dios quiso decir eso, por lo que dijo tres veces: creó, creó, creó. Y, como esto le llegó al corazón más que ninguna otra parte de la creación, lo puso en poesía. En mi paráfrasis, traté de darle una pequeña rima para que lo entendieran.

Día 7. Día libre. Genial. Quiero decir algo sobre este día libre.

Los siete días de la creación

Para mí es vital y, por cierto, es un día largo porque no terminó durante miles y miles de años. Así que el primer día fue muy largo y el último también, lo que significa que los días intermedios probablemente sean también bastante largos. Pero vuelvo a lo mismo. Nunca dice que hubo tarde y mañana en el séptimo día porque Dios todavía estaba en ese día cuando esto fue escrito. Y completó su obra de creación. La idea de que Dios ha seguido creando no es cierta. Todo lo que quería hacer ya lo ha hecho. Ahora lo mantiene todo en marcha, sí, y suple su necesidad, sí. Es interesante que las dos leyes de la termodinámica confirman esto. Ahora ve que ese es el tipo de jerga científica que podemos mencionar.

Permítame que intente explicarlo y comunicarlo de forma sencilla. Hay ciertas cosas que los científicos han descubierto sobre nuestro universo que parecen aplicarse en todas partes y todo el tiempo, y que parecen ideas muy fijas. En particular, han descubierto dos leyes relativas a la energía que parecen tan fijas que se podría apostar hasta la última libra por ellas. Las llaman las leyes de la termodinámica, que es una palabra grande para energía. La primera ley de la termodinámica es que la cantidad de energía en este universo es constante; permanece exactamente igual. Puede cambiar su forma de una forma a otra, pero es la misma. Ahora bien, no siempre puede haber sido así. Tiene que haber habido un momento en el que la energía se introdujo en el sistema. Es como si dijeran que el coche en marcha tiene exactamente la misma cantidad de gasolina todo el tiempo. En realidad, en cierto sentido, el coche sí. La gasolina cambia de forma, pero el nivel de energía sigue siendo el mismo. Ha utilizado parte de ella para impulsarse, pero sigue habiendo la misma cantidad de energía, aunque ahora gran parte se ha perdido en la atmósfera. Pero la energía sigue ahí.

Si esto es así, entonces la energía siempre ha existido. Debió de haber un periodo en el que la energía era introducida en el sistema y luego dejó de ser necesario introducirla y siguió su curso, ¿me

CREACIÓN

sigue? Así que esto parece apuntar a la finalización del proceso de poner gasolina en el tanque.

La segunda ley de la termodinámica también apunta en la misma dirección. Esa ley es la ley de la entropía, que significa que, en términos prácticos, la energía se está agotando, porque cada vez está menos disponible. A medida que cambiamos la energía de una forma a otra, es más difícil volver a disponer de ella. Una vez que ha quemado la energía de su tanque de gasolina o el carbón de su estufa, o cualquier otra energía que utilice para calentar su casa, es sumamente difícil volver a disponer de ella, ¿verdad? Es muy difícil conservarla. Aísla su casa, pero tiende a quedar fuera de su alcance, de modo que, a efectos prácticos, aunque el nivel de energía se mantiene igual en este universo, está cada vez más encerrada en una forma que no podemos manejar y a la que no podemos llegar, por lo que prácticamente se está agotando. Las reservas de petróleo que vi desde el aire. Miré hacia abajo a las plataformas petrolíferas en el Mar del Norte y pensé, el petróleo se agotará y no seremos capaces de hacernos con la energía de nuevo.

Por lo tanto, en términos prácticos, estamos en un universo que se está agotando. Tuvo que haber un tiempo en el que se le dio cuerda, porque no se puede tener un universo que esté siempre perdiendo cuerda. ¿Cómo empezó? Así que en el séptimo día Dios dijo: "He terminado lo que estoy poniendo en esto". ¿Me sigue ahora? "He puesto toda la energía en ello, he puesto toda la materia en ello, he puesto todas las formas de vida en ello que voy a poner". Completó su trabajo, y la Biblia no enseña la creación continua. Y Dios dijo: "Ahora voy a tener un día libre, un día para mí". Y desde entonces ha dicho: "Y tú también necesitas un día para mí. Y así como yo soy un Dios que no se enfrasca totalmente en mi trabajo, tú tampoco debes hacerlo porque te he hecho a mi imagen, así que consigue ese día libre". ¿No fue hermoso que Dios pensara en eso?

Todas las otras divisiones del tiempo en nuestro mundo están relacionadas con el sol o la luna o algún proceso natural. Solo hay un período de tiempo que no está relacionado con nada natural: la semana. Eso se lo dio Dios. Así que, si disfruta de su fin de semana debería decir: "Gracias Señor; no lo habría tenido de no ser por ti". El Imperio Romano no tenía una semana. Ellos no tenían un descanso semanal como nosotros. Tenían un fin de mes, no un fin de semana. Y encontrará que la gente ha tratado de destruir la semana. En la Revolución Francesa decidieron destruir la semana cristiana y fueron por una semana de ocho días, pero no paso mucho tiempo antes de que ellos estuvieran en problemas.

Lo mismo pasó en la Primera Guerra Mundial. Nosotros necesitamos un descanso semanal. Pero los animales no lo necesitan. Los patos de mi jardín no tienen descanso semanal. No los veo diciendo: "Oye, es domingo, ¿sabes?". No es natural. Es natural guiarnos por el sol y por la luna, es natural tener años y meses, pero no es natural tener semanas. Y le digo que en una sociedad sin Dios no pasará mucho tiempo antes de que pierda sus fines de semana. El comercio dominical ha vuelto. Es otra paja en el agua de que nos estamos alejando de Génesis 1 y perdiendo nuestra humanidad, que es un reflejo de la deidad.

Intento ayudarlo a ver lo práctico que es Génesis 1. Está relacionado con tener un fin de semana, con leer su horóscopo, con todas estas cosas. Nos indica nuestro lugar en el mundo.

Ahora me gustaría abordar un poco los problemas. Me gustaría abordar las tres cuestiones principales entre la ciencia y las Escrituras y darle solo unas directrices sobre cómo enfocarlas en lugar de una respuesta completa, porque no tenemos tiempo para eso.

En teoría, la ciencia y las Escrituras nunca deberían contradecirse. Si la ciencia se limitara a discutir cómo surgieron las cosas y las Escrituras a por qué surgieron y quién las hizo surgir, no se solaparían en absoluto, pero, por suerte o por desgracia, Génesis 1 también se aventura a cruzar la frontera del cómo en ciertos puntos. La ciencia que estudia el cómo y el Génesis que estudia el por qué, cuando entran en el territorio del otro y hay superposición, entonces hay verdaderos puntos de fricción. Hay tres cuestiones que la ciencia ha planteado sobre Génesis 1 a partir de su examen de las pruebas existentes en el mundo.

La primera es la secuencia en que aparecieron las cosas, el orden. La segunda es la velocidad con la que aparecieron. Y la tercera es el principio de selección que nos dejó con lo que tenemos. Espero que recuerde mi parábola del jugador de billar invisible y mi intento de mostrarle que hay ciertas batallas sobre los hechos, pero hay una guerra sobre la fe, y vamos a tocar esa distinción ahora mismo.

Veamos la secuencia. Comienzo señalando que existe una notable correspondencia entre la ciencia y las Escrituras. Hay más cosas en común que diferencias en el orden. La ciencia está de acuerdo en que la materia vino antes que la vida y que el mar vino antes que la tierra, y que los animales vinieron antes que el hombre. Hay toda una correspondencia. En términos generales, Génesis 1 sigue el mismo orden que ha descubierto la ciencia, pero hay dos tipos de excepciones. Una es astronómica y la otra, biológica. La astronómica es el gran problema de que la luz llegó en el día 1 y el sol y la luna en el día 4.

Se han dado todo tipo de explicaciones: que debía haber alguna estrella brillante o que había otras nebulosas o alguna otra fuente de luz, etc. He examinado esto con todo el cuidado que he podido y he llegado a la conclusión de que es un ejemplo de lo que dije al principio de este capítulo, de Dios mirándolo desde nuestro punto de vista. Hay indicios científicos, así como en el Génesis, de que los tres primeros días la tierra estaba cubierta de niebla, de una espesa mortaja, y que la luz que la atravesaba era solo difusa; que tuvo que haber un cambio importante en la composición de la atmósfera para que el cielo se aclarara. En particular, una reducción del dióxido de carbono, que se produciría cuando las plantas empezaron a desarrollarse.

Los siete días de la creación

Tendrían suficiente luz difusa para desarrollarse, pero entonces empezarían a inhalar el dióxido de carbono y a exhalar el oxígeno y a limpiar la atmósfera. Si plantamos bosques, cambia el cielo; cambia el microclima cuando plantamos muchos árboles. Desde la perspectiva de un hombre parado en la tierra y mirando hacia arriba, el sol, la luna y las estrellas no se verían en el cielo hasta que se hubiera producido esa limpieza. Por lo tanto, sería consciente de la luz en general —vaga, difusa—, pero en esa cuarta fase podría haber mirado hacia arriba y ver que había un sol y la luna y las estrellas allí. En otras palabras, es lo que se llama lenguaje fenoménico, que significa describir una cosa tal como *aparece*. Estoy dispuesto a decir que creo —y lo creo— que el sol, la luna y las estrellas *aparecieron* y fueron designados para hacer su trabajo en ese cuarto día a los ojos de Dios.

Esa es mi comprensión debido a toda la mirada desde la tierra mirando hacia arriba en Génesis 1. Puede que no le satisfaga, pero solo se lo doy por lo que vale. Hay una o dos explicaciones más, pero me parece que no encajan y que plantean más problemas de los que resuelven.

Voy a hablar un poco más de las cuestiones biológicas: las plantas antes que la vida marina, los árboles frutales antes que los peces, las aves antes que los insectos, las ballenas antes que los reptiles, las aves antes que los reptiles y el hombre antes que la mujer. Aquí hay dificultades biológicas en las que las cosas en Génesis 1 no parecen estar en el orden correcto y donde hay *discrepancias menores*, podríamos decir, no mayores. He llegado a la conclusión de que el orden en Génesis 1 es solo en parte cronológico y principalmente lógico.

Si yo estuviera tratando de describir a un niño de manera extremadamente simple cómo se construyó una casa tendería a decir que la primera persona que vino fue el albañil y el segundo que vino fue el carpintero y luego vino el fontanero y luego vino el electricista y luego vino el yesero y luego vino el decorador y luego todos se fueron de vacaciones. En solo siete sencillos pasos

CREACIÓN

describiría para que un niño entendiera las diferentes cosas que se necesitaban *y también* en el orden en que se necesitaban. Pero mi afición es la arquitectura y he participado en muchos edificios y diagramas de barras o análisis del camino crítico. Me alegro mucho de que Dios no pensara: "Tendré que hacerles un análisis del camino crítico en Génesis 1" pero, si lo hubiera hecho, habría que elaborar el tipo de barra, en la que las cosas pueden solaparse y no siempre empiezan y terminan así como así.

El hecho de que las vacaciones empezaran para unos un poco antes que para otros no altera el hecho de que, en términos sencillos, la parte central de cada actividad siguió un orden progresivo. Ahora bien, se puede decir a alguien de una manera muy complicada a través de un análisis del camino crítico exactamente cuando un determinado trabajo comenzó o si solo se quiere transmitir la verdad de que ciertos trabajos diferentes fueron necesarios, y en un orden, entonces se hace lo que se hace con un niño. Se le da al niño una historia de cómo se construyó la casa que es en parte cronológica y en parte lógica o temática, si me sigue. Creo que todas estas pequeñas diferencias que los científicos han señalado se deben al hecho de que Dios eligió darnos una historia simple en lugar de un análisis del camino crítico. Le está pidiendo demasiado a Génesis 1 si quiere tener todos los pequeños detalles de la cronología. Dios se preocupa de darle la historia básica. ¿Me sigue?

Puede que eso resuelva el problema para usted o puede que no, pero para mí sí. Solo digo: "Señor, te agradezco que seas arquitecto pero que no me hayas dado un análisis del camino crítico". Habría requerido la mitad de la Biblia.

La segunda cuestión que quiero tratar es este asunto de los *días*, la velocidad. Es un conflicto muy familiar. Las Escrituras dicen seis días, la ciencia dice cuatro mil millones de años para nuestra tierra y, como he dicho, hay una ligera diferencia que tenemos que afrontar. Esto no ha sido ayudado por los estudiosos de la Biblia que trataron de averiguar la fecha de la creación, y

Los siete días de la creación

hay gente que lo ha hecho. Si usted tiene una antigua Versión Autorizada, probablemente habrá visto la fecha 4004 a.c. sobre Génesis 1. El arzobispo irlandés Ussher lo calculó así al intentar retroceder en el tiempo a través de todas las generaciones y llegó a la conclusión de que la creación tuvo lugar alrededor del año 4004 a.C., y lo escribió en la Biblia. Ojalá no lo hubiera hecho. Dios no puso una fecha. No hay ninguna fecha en Génesis hasta el capítulo 5. Si Dios no puso fechas, entonces nosotros tampoco deberíamos hacerlo. Luego vino un erudito de Cambridge llamado Lightfoot y lo calculó aún más cuidadosamente y puso en su Biblia que ocurrió entre el 18 de octubre y el 24 del año 4004 a.c., y Adán fue creado a las 9 de la mañana del 23 de octubre. Alguien dijo secamente: "Siendo un erudito cuidadoso, no quiso comprometerse más que eso". Francamente, la gente que empieza a poner fechas y horas como esas solo han empeorado las cosas para nosotros y han desprestigiado todo el asunto. Si Dios no puso fecha a la creación, entonces tampoco lo hagamos nosotros. Dios no nos *dijo* cuándo creó los cielos y la tierra. No pone fecha alguna, así que no hay que caer en esa trampa. Pero sí dijo seis días.

Hay cinco maneras posibles de interpretar los días de Génesis. Le doy las cinco y le dejo que haga su propio juicio al respecto. Creo que pueden ocurrir dos cosas cuando la ciencia y las Escrituras discrepan. O bien el científico ha interpretado mal los hechos, o bien el cristiano ha interpretado mal las Escrituras. Y es muy importante averiguar cuál de las dos cosas ocurre. Incluso podrían ser ambas. Entonces, ¿estamos seguros de que tenemos razón al decir que el día en Génesis 1 es un período de 24 horas? Ciertamente la palabra *Yom*, que en hebreo significa día, se utiliza mucho para un período de 24 horas en la Biblia. Mil doscientas veces se utiliza para un período de 24 horas. Por lo tanto, la gente asume, entonces, que debe significar eso en Génesis 1 y la frase *mañana y tarde* parece convencerlos totalmente de que así es.

El problema, si usted cree en seis días literales, es que usted tiene que encontrar algún tiempo en alguna parte para los datos geológicos que ahora tenemos. Entonces, ¿dónde encontrar ese tiempo? Hay tres maneras en que la gente ha tratado de encontrarlo. Una es la *Teoría de la brecha*, en la que dicen que en el versículo 2 del Génesis 1 hay una enorme cantidad de tiempo y lo traducen como "Y la tierra se *volvió* informe y vacía", y dicen que la creación salió mal en ese versículo, y durante siglos estuvo en ese mal estado y ahí es donde entra la geología. No puedo aceptar eso porque significa que todo Génesis 1 es un trabajo de reconstrucción y no un trabajo de creación. Simplemente no puedo estar de acuerdo con eso. Y tergiversa el lenguaje.

Una segunda forma de encontrar tiempo para la geología es el *Diluvio*, y ahora hay una avalancha de libros publicados por un par de hombres llamados Whitcomb y Morris que intentan comprimir todos los datos geológicos en los doce meses del Diluvio de Noé. Lo siento, pero simplemente no cierra. No encaja.

El tercer camino es lo que se llama la *Teoría de las Antigüedades*, que dice que Dios produjo genuinas antigüedades fraudulentas, y pregunta: si Dios hizo un árbol, ¿cuántos anillos puso en el tronco el día que lo hizo? De modo que, si lo corta al día siguiente, diría, ese árbol tiene treinta años, pero no era así. Era una genuina antigüedad fraudulenta. ¿Me sigue? Dios hizo deliberadamente que las rocas parecieran viejas para que nos parecieran una antigüedad, pero en realidad no son tan viejas. Lo siento, pero mi Padre no juega trucos con mi mente. No es esa clase de Dios, y no nos toma el pelo. Así que, eso no servirá, y francamente no puedo interpretar los días de Génesis 1 literalmente.

Ya he indicado que el Día 1 fue mucho más largo que 24 horas, y el Día 7 sin duda también. ¿Le digo cuándo terminó el Día 7? Terminó el primer domingo de Pascua. Fue entonces cuando Dios empezó a crear de nuevo. Y ahora está en la nueva creación. Pero desde Génesis 1 hasta el primer Domingo de Resurrección, Dios estuvo descansando de la creación. Ahora está creando de nuevo;

esta vez, ha empezado con las personas y está terminando con el mundo. Esta vez lo hace al revés. La nueva creación comenzó con la resurrección de Jesús de entre los muertos. Él es el primogénito del nuevo universo que viene, y su cuerpo resucitado es el primer hombre hecho para el nuevo universo.

El Día 1 fue largo, el Día 7 fue largo, por lo que me temo que creo que los demás también lo fueron. ¿Significa eso que la segunda interpretación es correcta, que cada día es un día geológico? La palabra hebrea *Yom* puede significar un periodo largo. Sesenta y cinco veces en el Antiguo Testamento significa un período muy largo. En el capítulo 2 de Génesis dice: "En el *día* en que Dios hizo el cielo y la tierra y todo lo que hay en ellos". Eso involucró por lo menos siete días o incluso más.

Entonces, ¿lo más sencillo es decir que el Día 1 fue un tiempo muy largo y que el Día 2 fue un tiempo muy largo y que el Día 3 fue un tiempo muy largo? No, no creo que eso sirva porque no hace justicia a "la mañana y la tarde". Por alguna razón Dios nos dijo que fue en días y no en edades, y tengo que preguntar, Señor, ¿qué estabas diciendo?

La tercera interpretación posible es que estos días son mitológicos, forman parte de la fábula, son un cuento de hadas, son días de mentira y solo forman parte del marco de la historia; no tienen ningún significado. Ese es el punto de vista liberal moderno favorito. Es un mito, es un cuento de hadas, es lo que la BBC llama *faction* (facción), una mezcla de realidad (fact) y ficción (fiction). Los días forman parte de la ficción y lo que ocurrió en ellos es el hecho. Ahora bien, no creo que Dios vaya a darnos facciones, ¿y usted? Es una cosa muy peligrosa, la facción, porque uno puede elegir lo que cree que es un hecho.

La cuarta interpretación intrigante, que algunos eruditos evangélicos han intentado, es la educativa. Son días de escuela, o sea que Moisés fue a la escuela durante siete días. En el primer día, Dios le enseñó acerca de la luz y la oscuridad, en el segundo día Dios le enseñó sobre el mar y el cielo; usted me entiende.

CREACIÓN

El profesor Wiseman, de London University, es quizá el hombre más conocido que ha propuesto eso en su libro, que se titula apropiadamente *Creation Revealed in Six Days* (La creación revelada en seis días). Pero lo siento, no me cierra. Implica tergiversar las palabras de Dios nuevamente.

Me quedo con el hecho de que Dios quiso decirme que creó el mundo en seis días. Por eso me quedo con una interpretación final, y ya me irán conociendo, pero suelo darles todas las interpretaciones y la que me atrae en último lugar. Esta última es para mí la correcta. Se ajusta a todos los hechos y es que estos días deben ser interpretados teológicamente: son días de Dios. Dios sabía perfectamente que descubriríamos que la Tierra requirió cuatro mil millones de años. Debía de saberlo, así que ¿por qué siguió diciendo seis días? Porque el tiempo es relativo; y para Dios, fue menos de una semana de trabajo. Para él, fue una semana. En este punto está diciendo: "Para mí, si quieres entenderlo, fue todo en una semana de trabajo".

Estamos diciendo que para Dios el tiempo es relativo y "mil años son como un día y un día es como mil años". Usted encontrará que la escala de tiempo a través de la Biblia es que él recorre todas las edades geológicas en solo una semana y entonces encontrará que el tiempo se ralentiza. Atravesamos rápidamente los siglos en el Antiguo Testamento. Nos metemos en el Nuevo Testamento y recorremos rápidamente tres años. Y se va ralentizando hasta que estamos mirando días, y en la última semana en la vida del Señor, cada día es mencionado. Y entonces el ultimo día, cada hora, hasta que Jesús murió. Pasamos por la tercera hora, la sexta hora, la novena hora. Lo que la Biblia está diciendo es que el día más largo que Dios tuvo fue el día que su Hijo murió. ¿Me sigue? Obtiene la perspectiva de Dios, porque si se guía por la ciencia, perderá todo el significado. Puedo demostrarlo.

Imagine que tiene delante la Aguja de Cleopatra, la que está en Thames Embankment, Londres, la que Moisés solía mirar todos los días que iba a la escuela. Era una de las dos agujas que había a la entrada de la universidad en Egipto. Si la aguja representa la edad de nuestra tierra, un penique encima de ella representaría el tiempo que el hombre ha estado en la tierra y un sello de correos encima, representaría en su grosor la historia registrada del hombre. Pero no es así en absoluto. Para mí, la relatividad del tiempo significó que todo el trabajo de la creación duró una semana. Para mí, solo fueron seis días y luego un día de descanso. Para mí, lo importante del tiempo es lo que ocurre ahora en la Tierra. ¿Me sigue? Es una dimensión divina del tiempo. Son días de Dios. Y si piensa en Dios haciendo el trabajo de una semana, entonces no se sentirá abrumado con todos esos miles de millones de años de los que habla la ciencia. No se sentirá un don nadie. Se dará cuenta de que ahora es el día que es importante para Dios.

Creo que eso hace justicia al lenguaje y nos pone en el lugar que nos corresponde y simplemente dice que Dios está en horario flexible. Está hablando de *sus* días y quiere que sigamos pensando en la creación en la semana y así lo mantendremos en perspectiva y no nos veremos abrumados. Porque eso es lo que fue para él, y cuando lo hizo a usted, dice: "Es mejor que funciones con el mismo principio. Haz tu trabajo de la semana y ten un día libre". Eso sí, todavía no he oído a ningún predicador predicar sobre el texto: "Seis días trabajarás". ¿Sabe lo que quiero decir? Ahora es una semana de cinco días.

¿Recuerda a Jacob? Dice: "Jacob trabajó siete años por Raquel, y le parecieron pocos días por amor a Raquel". Creo que es lo que se está diciendo aquí. A Dios le parecieron pocos días para hacer todo y llenarlo de criaturas, y ahora se está dedicando a la parte importante. El día más largo para Dios fue el día en que murió su Hijo. Cada hora pareció una eternidad. Tenemos que captar la sensación que Dios tiene del tiempo, y entonces conseguiremos equilibrar la creación y la historia. De lo contrario, no lo entenderemos.

Voy a detenerme aquí, porque el tercer tema es muy grande. Es decir, la selección, si fue natural o sobrenatural y Darwin y

CREACIÓN

todo eso. Tendremos que analizarlo en detalle. Así que permítame resumirlo.

El mensaje de Génesis 1 sobre nuestro mundo es este. Es un mundo ordenado porque era un mundo que fue hecho de forma ordenada. No ocurrió nada que Dios no provocara. Si él no hubiera intervenido en cada etapa, la naturaleza por sí misma no habría producido nada y, de hecho, le diré un secreto: la Biblia no tiene una palabra para *naturaleza*. Solo aquellos que no quieren creer en Dios utilizan el término naturaleza. Son los que no quieren a Dios como Padre quienes dicen que la Madre Naturaleza nos produjo. ¿Se dio cuenta? Es idolatría, es convertir a la naturaleza en un dios y decir que la naturaleza hizo esto, que la naturaleza produjo a los monos, que la naturaleza produjo al hombre, como si la naturaleza fuera de alguna manera una persona o aun, en el mejor de los casos, un poder que pudiera hacerlo. Génesis 1 dice que no habría pasado nada. A veces Dios cambió lo que ya existía en otra cosa. A veces hizo algo muy nuevo. Y voy a mostrarle que el registro fósil y toda la evidencia apunta a Génesis 1 y no a Darwin. La evidencia está ahí para que todos la vean, los resultados de lo que Génesis 1 dice que Dios hizo. Y no encaja con la selección natural. Encaja con lo sobrenatural.

¿Qué está en juego en todo esto? Muy sencillo: si las pruebas, como les mostraré, apuntan a la creación en lugar de a la evolución, apuntan a la producción sobrenatural en lugar de un proceso natural, apuntan a una elección personal para que todos estemos aquí en lugar de una casualidad impersonal, apuntan a un mundo en el que podemos ejercer la fe, la esperanza y el amor en lugar del fatalismo, la impotencia y la suerte, un mundo en el que podemos creer en la Providencia en lugar de en la casualidad. Un mundo en el que Dios es el Señor y no el hombre el señor. Entonces, ¿qué está en juego en todo esto? Le diré una cosa. ¿Por qué hay tantos prejuicios contra la creación? Muy sencillo: la gente no quiere vivir en un mundo ordenado porque no quiere ser ordenada. Así de sencillo. Y nos daremos cuenta de que Génesis

3 explica cómo llegamos a una condición en la que queríamos ser Dios y dijimos: "No Señor, no vamos a permitir que nos des órdenes; no nos gusta un universo ordenado. Admitiremos que está ordenado, pero no lo queremos ordenado. No, gracias". Esa es la raíz, y Génesis 1 nos va a desafiar profundamente.

¿Quiere vivir una vida ordenada? ¿O prefiere creer en la suerte? Al fin y al cabo, si vive en una vida ordenada, entonces tiene responsabilidades, pero si vive en un mundo desordenado, solo tiene derechos. Y los que prefieren hablar de derechos en lugar de responsabilidades siempre preferirán la evolución a la creación. Siempre preferirán un mundo casual a un mundo elegido. Siempre preferirán considerarse a sí mismos como un accidente y no como el designio de un Creador amoroso.

Capítulo 3

EL ORIGEN DEL HOMBRE

Fue el primer día de la semana cuando Dios dijo: "Sea la luz" y comenzó la obra de la antigua creación. Fue en el primer día de la semana que comenzó su obra de la nueva creación y, de hecho, fue en este día que Jesús resucitó de entre los muertos y su cuerpo físico fue la primera parte de la nueva creación que se hizo. Y fue en este día cuando el Espíritu Santo fue enviado. Es un día emocionante, porque el domingo es el primer día de la nueva creación. Ese no es mi tema para este capítulo.

He decidido no insistir en la cuestión de la evolución, sino pasar directamente al estudio de la creación del hombre. En el primer capítulo vimos a Dios. En el segundo capítulo nos ocupamos del mundo, pero en este capítulo creo que debemos ocuparnos del hombre. Y después, una vez visto todo lo que dice la Biblia, podemos examinar algunos de los problemas que plantea la ciencia. Pero tengo la sensación de que Dios no quiere que la ciencia marque la agenda. Quiere que sean las Escrituras la que marquen el orden del día y entonces podremos enfrentarnos a los problemas que plantea la ciencia. Así que me pareció que debíamos seguir adelante en este capítulo y examinar al hombre y su origen, su naturaleza, sus relaciones, que están escritas para nosotros en Génesis, al final del capítulo 1 y en todo el capítulo 2. Así que permítame empezar a leer en el versículo 26. Empezaré leyendo el versículo 26 del capítulo 1, y de nuevo leeré una paráfrasis para hacerlo más fresco.

"En ese momento Dios tomó una decisión trascendental. 'Hagamos criaturas diferentes, más de nuestro tipo, seres

CREACIÓN

humanos como nosotros. Ellos pueden estar a cargo de todos los demás, los peces del mar, las aves del cielo y los animales de la tierra'. Para parecerse a sí mismo, Dios creó a los hombres para que reflejaran en sí mismos su corazón, voluntad y mente, para relacionarse entre sí, varón y mujer entrelazados. Luego afirmó su posición única con palabras de generoso aliento: 'Produzcan mucha descendencia porque van a ocupar y controlar toda la tierra. Los peces del mar, las aves del cielo y los animales de la tierra son para que ustedes los dominen. También les daré plantas con semilla y árboles frutales para que les sirvan de alimento. Los pájaros y las bestias podrán alimentarse de las hojas verdes'. Y así fue. Dios examinó todo lo que había hecho y quedó muy satisfecho. Todo estaba tan bien, tan hermoso. El espacio exterior y el planeta Tierra estaban ahora completos en toda su inmensidad y variedad. Como ya no hacía falta nada más, Dios se tomó un descanso al día siguiente. Por eso designó cada séptimo día como un día especial, separado de los demás, como un día para él solo, porque ese día no estuvo ocupado con lo que había sido su trabajo diario.

"Así es como nació nuestro universo y cómo todo en él llegó a ser como es. Durante el tiempo en que el Dios Que Es producía el espacio exterior y el planeta Tierra, hubo un tiempo en que no había vegetación alguna en el suelo y, si hubiera habido, no había lluvia para regarla ni ningún hombre para cultivarla. Pero el agua subterránea brotó a la superficie y regó el suelo, y el Dios Que Es moldeó un cuerpo humano a partir de diminutas partículas de arcilla, le dio el beso de la vida y el hombre se unió a las criaturas vivientes. Ahora bien, el Dios Que Es ya había trazado una extensión de parque al este de aquí, en un lugar llamado Edén, que significa deleite, y llevó allí a vivir al primer hombre. El Dios Que Es había plantado en el parque una gran variedad de árboles de hermoso follaje y deliciosos frutos.

"*Justo en medio había dos árboles muy especiales. El fruto de uno podía mantener la vida indefinidamente, mientras que el del otro daba al que lo comía una experiencia personal del bien y del mal. Un río regaba toda la zona, pero se dividía en cuatro cursos de agua al salir del parque. Uno de ellos se llamaba Pisón y serpenteaba a lo largo de toda la extensión de Javilá, la tierra donde se encontraron después pepitas de oro puro, así como resina aromática y ónice. El segundo se llamaba Guijón y serpenteaba a través del país de Cus. El tercero es el actual Tigris, que fluye frente a la ciudad de Asur, y el cuarto es el actual Éufrates.*

"*Entonces el Dios Que Es puso a este hombre en el parque de las delicias para que lo desarrollara y protegiera. Y el Dios Que Es le dio órdenes muy claras: 'Eres perfectamente libre de comer el fruto de cualquier árbol excepto de uno, el árbol que trae la experiencia del bien y del mal. Si lo pruebas, tendrás que morir". Entonces el Dios Que Es pensó en voz alta: 'No está bien que el hombre esté solo. Yo le proporcionaré una pareja'. El Dios Que Es había creado toda clase de pájaros y bestias a partir de la tierra y los puso en contacto con el hombre para ver cómo los describía, y lo que el hombre decía de cada uno se convertía en su nombre, de modo que el hombre etiquetó a todas las demás criaturas. Pero en ninguna de ellas vio una verdadera compañera para él.*

"*Así que el Dios Que Es puso al hombre en un coma profundo y, mientras estaba inconsciente, tomó tejido de un lado de su cuerpo y juntó la carne sobre el hueco. Luego, con el tejido produjo un clon femenino y se lo presentó al hombre, y Adán estalló: ‹Por fin me has concedido mi deseo, una compañera con mis huesos y mi carne; mujer para mí es su nombre; es lo mismo al venir del hombre'. Eso explica por qué el hombre se desprende de sus padres y se aferra a su mujer y sus dos cuerpos se funden de nuevo en uno solo.*

CREACIÓN

El primer hombre y su nueva esposa andaban por el parque completamente desnudos sin el menor pudor".

Espero que le haya dado una visión fresca. Fue uno de los principales evolucionistas del mundo, un hombre llamado Eton, quien dijo que el hombre debe ser una de las producciones más improbables del universo. Los que creen que somos simplemente un accidente, un error biológico, son los primeros en decir que, si el hombre no hubiera aparecido una vez, es casi seguro que no habría vuelto a aparecer nunca más, tales son las probabilidades estadísticas en contra de que alguien como yo aparezca en el planeta Tierra. Eso es lo que dicen los evolucionistas.

Pero ¿soy un error? ¿Soy un huérfano cósmico? ¿Soy alguien no querido que simplemente sucedió? ¿Es pura casualidad que el hombre apareciera en este planeta Tierra? Si es así, entonces, francamente, la vida es absurda; no tiene sentido; es una broma de mal gusto. Ahí es donde nos quedamos si soy un accidente y el resultado de la casualidad y no de la elección. Significaría que cuando llegue al final de mi vida diría: "No entendí la cuestión", y entonces me preguntaría: "¿Pero había algo que entender?".

No se me ocurre nada más devastador para un ser humano que decirle que no fue querido, que es un accidente y que no tiene sentido que esté aquí. Significa que hay muchas personas vivas hoy en día que sufren lo que se llama una crisis de identidad.

Recuerdo a un hombre que me llamó a las tres de la mañana. Se había tomado una copa o dos primero. Siempre "preparaba el terreno" antes de llamarme, así que el teléfono sonaba a horas muy intempestivas, y no soy un buen cristiano a las tres de la mañana. Recuerdo que llamó y dijo: "¿Quién soy? ¿Quién soy yo?". Esta es *la* pregunta fundamental. Supongo que la mayoría de nosotros pasamos por una crisis de identidad adolescente cuando nos miramos al espejo y pensamos, ¿quién soy? Cuando empieza a afeitarse o cuando crece un poco y piensa: "¿Quién soy realmente?". Pasamos por esa crisis. A todos les pasa en la adolescencia. Pero la inmensa mayoría de los adultos nunca superan esa crisis y siguen sin saber quiénes son.

¿Dónde encajamos? Si hay un guion, ¿qué papel interpreto, o la vida es simplemente un viaje de ninguna parte a ninguna parte? Los hermanos Johnny y Desmond Morris han hecho todo lo posible para convencerme de que soy un animal. Johnny Morris lo hace mirando a los animales y viendo seres humanos, y su hermano Desmond, mirando a seres humanos y viendo animales, llamándonos simios desnudos. Esos dos hermanos entre ellos me han transmitido que no soy más que un animal, y si eso es todo lo que pueden decir de mí, no deben culparme por comportarme como si estuviera en una jungla.

Es cierto que funcionalmente se me puede clasificar con los animales. Funcionalmente, soy un mamífero. Funcionalmente, habito en el mismo entorno que los animales. Y, de hecho, Génesis sitúa mi creación en el mismo día que la de los animales. Hay muchas similitudes. Sin embargo, hay dos cosas que me desconciertan si no soy más que un animal. Ambas se refieren al hecho de que no me siento realmente en casa en este mundo, como tampoco lo hace ninguna persona. Los animales sí, pero yo no. Aún no he conocido a ningún ser humano que se sienta totalmente a gusto en este mundo.

Las dos cosas que me preocupan de que me digan que soy un animal son las siguientes. En primer lugar, puedo estar muy por encima de los animales y, en segundo lugar, puedo estar muy por debajo de ellos. Puedo actuar mucho mejor que ellos y mucho peor. Y la gama de mi experiencia es mucho más amplia que la de los animales, muy por encima y muy por debajo de ellos. Por encima de ellos, podría enumerar un montón de cosas, pero son tan obvias que no hace falta que se lo diga. En el lenguaje, en las artes, en la cultura, en el simple hecho de hacer preguntas. No conozco ningún animal que haga preguntas. Mi capacidad de hacer preguntas significa que puedo pensar sobre este mundo. Ningún animal lo hace. Ningún animal sabe lo que fue este mundo

CREACIÓN

y ningún animal puede pensar en lo que será. Hay toda una gama de actividad mental, hay toda una gama de vida emocional, hay toda una gama de experiencia moral.

Que yo sepa, no existe tal cosa como un perro bueno. Los he oído llamar así a menudo cuando se les ha enseñado la reacción pavloviana de pedir comida, pero un perro nunca ha pensado en términos de ser bueno y nunca ha sentido vergüenza por ser malo, sino solo miedo al castigo. Por tanto, no existe el perro bueno. De hecho, Jesús dijo que no existe tal cosa como un hombre bueno. "No llames bueno a nadie, sino solo a Dios", un pensamiento bastante aleccionador. Utilizamos la frase tan a la ligera que hablamos de una buena comida. Pero hay toda una gama de experiencias morales que ningún animal tiene.

Hay toda una serie de experiencias espirituales que ningún animal tiene. Todavía no he visto a ningún animal juntar las patas y orar. No hay rastro de actividad espiritual o religiosa en todo el mundo animal, en ninguna parte. En todos estos ámbitos, el hombre puede elevarse tan por encima de los animales que cabe preguntarse si es uno de ellos.

Pero también es cierto lo contrario, y esto es estremecedor: el hombre puede hundirse muy por debajo de los animales. Elijo solo dos ámbitos: el sexo y la violencia. Aún no he conocido a ningún animal que practique sexo pervertido. Y todavía tengo que conocer a una especie que tenga un Auschwitz para otra especie. Solo en estas áreas —y hay otras que podría enumerar— el hombre cae muy por debajo de los animales. Hablamos de que el hombre se comporta de forma o manera bestial. Creo que eso es un insulto a las bestias, porque los simios peludos no se comportan tan mal como los desnudos.

Ahora bien, en estas dos cosas, no solo en nuestra capacidad de elevarnos por encima de los animales sino en nuestra capacidad de caer muy por debajo de ellos, hay algo único en el hombre que lo separa radicalmente en una diferencia de tipo y no solo de grado de los animales. Este amplio espectro de experiencias nos

El origen del hombre

deja dando tumbos sin saber muy bien a dónde pertenecemos. Oscilamos entre lo sensual y lo espiritual. Oscilamos entre el materialismo y las elevadas aspiraciones morales. En cada uno de nosotros hay un deseo de ser santo y un disfrute de ser pecador. Y vamos dando tumbos por este mundo. Queremos un cielo y, como esta tierra no es muy celestial, buscamos constantemente algún otro lugar que sea el cielo para vivir. Sin embargo, la tierra es nuestro hogar.

El hombre se convierte en un enigma. Encontré un verso de un poema de Alexander Pope que lo resume magníficamente. Escribió: "Creado mitad para elevarse, mitad para caer; / Gran señor de todas las cosas, pero presa de todas; / Único juez de la verdad, en errores sin fin arrojado: / La gloria, la broma y el enigma del mundo". Eso resume quién soy. "La gloria, la broma y el enigma del mundo", un niño completamente loco y confundido. Al chico que fue a la escuela con un jersey nuevo, con BAIK bordado en él, le preguntaron: "¿Qué significa eso?". Y él respondió: *"Boy, Am I Confused"* (Vaya que estoy confundido). Y le dijeron: *"Confused* no se escribe con K, sino con C". Y él dijo: "Vaya, no sabes lo confundido que estoy". H. G. Wells escribió sobre un personaje llamado Mr. Polly y dice de Mr. Polly que "no era tanto un ser humano como una guerra civil". Esto describe precisamente la frase de San Pablo, "Porque el bien que quiero no lo hago: pero el mal que no quiero, eso hago". No es más que un resumen de este ser tambaleante llamado hombre que se pregunta dónde encaja, y que a menudo ha llegado a la conclusión de que, de hecho, es un inadaptado. Todo ese resumen que le he dado hasta ahora, podría sacarlo de la literatura humanista, de las artes, de las novelas.

Lo que hay en la Biblia es una explicación sobre este extraño ser que soy. No soy un inadaptado, sino un híbrido. Soy un mestizo. Pertenezco a dos mundos, no a uno. Y nunca me sentiré realmente en casa hasta que esos dos se hayan convertido en uno. Pertenezco al cielo y a la tierra, por lo que mi destino futuro no

CREACIÓN

está en el cielo, que es la ingenua enseñanza cristiana. Mi destino futuro está en un cielo nuevo y una tierra nueva. No sé cuándo fue la última vez que oí un sermón sobre la tierra nueva. He oído muchos sobre el cielo, pero ninguno sobre la tierra nueva. Pero precisamente porque soy una criatura de dos mundos, necesito vivir en un cielo nuevo y una tierra nueva. Mi constante incoherencia y contradicción y vacilación de un mundo a otro se debe al hecho de que soy un híbrido. Vengo de dos lugares. Vengo de una fuente infrahumana y de una sobrehumana. Por eso me siento atrapado en este mundo. Este mundo no es mi hogar y, sin embargo, tiene que serlo.

Esa es una introducción a lo que dice la Biblia sobre los comienzos del hombre porque, como en el caso de Alex Haley, que mencioné en el primer capítulo, volver a nuestras raíces es descubrir quién somos. Alex Haley se encontró viviendo exteriormente la vida de un americano blanco pero interiormente la vida de un africano negro, y no podía entenderlo. Había dos tipos de mundos en su corazón que tiraban de él y tuvo que volver a África para encontrar sus orígenes y entender por qué se sentía como se sentía. Vamos a volver a nuestros orígenes.

Primero volveremos a ver lo que dice Génesis 1 sobre el hombre, y luego examinaremos más detenidamente Génesis 2. Génesis 1 dice un poco. A primera vista, parece como si dijera que somos parte del reino animal, creados en el sexto día con el resto de los animales para habitar el mismo entorno. Pero, de hecho, Génesis 1 hace hincapié en la diferencia entre los animales y el hombre. Hay 10 diferencias enumeradas en Génesis 1 entre los animales y el hombre. Algunas de ellas son algo sutiles, otras son muy obvias.

La primera es muy sutil y puede que no salga en una traducción al inglés/español. A lo largo de todo el Génesis 1, en hebreo dice: Día 1, Día 2, Día 3, Día 4, Día 5, y luego dice: "en *el* sexto día". Señala ese día como el más importante de los seis, como si en ese día ocurriera algo que dejara en la sombra a todos los demás.

El origen del hombre

La segunda cosa que indica una diferencia es que el hombre es el último acto creativo. Con el hombre, la creación ha terminado. No hay creación superior. Él es el gran final. Él es el clímax. La tercera diferencia es que, con los animales, Dios simplemente tomó una decisión y dio una orden y dijo: "Que haya...", pero con el hombre, Dios celebró primero una conferencia y por primera vez aparece la palabra "nosotros". Ciertamente no es el "nosotros" real. He leído a comentaristas que dicen: "Oh, bueno, el plural aquí es solo el nosotros real, ya sabes, como la reina cuando dice: 'Vamos a Balmoral'". Pero ¿recuerda que le dije que los verbos son singulares? ¿Se imagina a Su Majestad la Reina diciendo: "Nosotros voy a Windsor"? Si va a ser de la realeza, es consecuente con ello. Sin embargo, a lo largo de todo el Génesis, es "nosotros soy", y ya se lo expliqué, que es el primer indicio de que Dios es una familia, no solo una Persona. La palabra que se usa es plural, no dual para dos sino plural para tres. Así que llama a los otros dos y dice: "Tengamos una pequeña conferencia. Hagamos algo juntos" Mientras que antes, como he dicho, se ha limitado a dar "órdenes" al Espíritu Santo, que revoloteaba sobre el caos y que llevaba a cabo lo que el Padre decía, ahora los convoca y les dice: "Vamos a hacer algo especial como nosotros".

¿Percibe que Dios está recuperando el aliento? ¿Tiene esa sensación? ¿Que Dios está haciendo una pausa antes de esta última acción? Como si algo terriblemente importante fuera a suceder. "Vengan, júntense, hagamos..." ¿Tiene esa sensación? Puedo estar leyendo demasiado en esto, pero tengo la sensación de que Dios se estaba dando cuenta del riesgo que estaba tomando con este último paso. Iba a ser la corona de la creación, pero al mismo tiempo podría ser la crucifixión de ella. Iba a crear un ser capaz de acompañarlo, capaz de relacionarse con él, pero también capaz de rebelarse, capaz de echarlo todo a perder. Si se hubiera detenido en los animales, la creación habría obedecido perfectamente su voluntad para siempre.

Casi tengo la sensación de un soltero que tiene una casa

CREACIÓN

preciosa y perros y un periquito y un hermoso jardín lleno de flores y es muy feliz con todo ello, y se pregunta si debe casarse, preguntándose si tener una esposa lo estropeará todo. ¿Entiende lo que quiero decir? Porque se está dando cuenta de que otra persona en esa situación, con voluntad propia, va a ser muy diferente de un bonito jardín y los animales domésticos y una hermosa casa. Tengo la sensación de que Dios está haciendo una pausa y diciendo: "Esto es un gran paso; algo terriblemente importante va a suceder. Podría arruinarlo todo". Siento una especie de pausa y una respiración contenida.

El cuarto aspecto es que la palabra "creó" no solo se utiliza por tercera vez en el capítulo 1, sino que se emplea tres veces para esta única criatura. Esto nunca había sucedido antes. Como si Dios estuviera subrayando tres veces que se trata de una novedad que no habría ocurrido si él no lo hubiera decidido. Por lo tanto, la idea de que el hombre descendió naturalmente de los animales es simplemente contraria a la enseñanza de las Escrituras. El hombre no habría aparecido a menos que Dios hubiera decidido que algo muy diferente iba a nacer. Creo que el evolucionista es simplemente ciego cuando puede hacer la afirmación que hace de que el hombre es la criatura más improbable que ha aparecido y no darse cuenta de que fue el resultado de una decisión deliberada. Según sus propias premisas es sumamente improbable que haya aparecido un hombre. Dios dijo: "Hagámoslo". Todo tiene sentido. Más adelante le mostraré que el registro fósil es mucho más consistente con la creación que con lo que popularmente se llama evolución.

Lo siguiente, la diferencia número 5. Dios estalla en poesía. Solo hace eso cuando su corazón está siendo tocado. La prosa es para la cabeza; la poesía es para el corazón. Cuando el amor entra en escena, invariablemente empezamos a escribir poesía. Hasta ahora, Dios se ha limitado a describir en prosa: "Dije esto y sucedió; hice aquello y sucedió". Ahora, de repente, se vuelca a la poesía. No escribe poesía sobre las plantas, no escribe poesía

El origen del hombre

sobre los animales. No es un William Wordsworth. Pero escribe poesía sobre el hombre como si dijera: "Esto me llega al corazón". La diferencia número 6 es la más obvia. Dice: "El hombre será a nuestra imagen y semejanza". He visto mucha tinta derramada sobre qué parte del hombre es como Dios. Veamos algunas de las respuestas. La gente suele decir: "Por supuesto que nuestros cuerpos no son como Dios porque Dios es Espíritu y no tiene cuerpo". No estoy seguro de que ese sea un pensamiento válido. Es cierto que Dios no tiene cuerpo, pero es un error decir que mi cuerpo no es como él, porque todo lo que yo puedo hacer con mi cuerpo, él lo puede hacer sin él. Por eso no hay ningún problema en la Biblia en hablar de los ojos de Dios, los oídos de Dios, las fosas nasales de Dios, la boca de Dios, la mano de Dios, el brazo de Dios, los riñones de Dios, el corazón de Dios, los pies de Dios. Verá que todo mi cuerpo corresponde de alguna manera a las funciones que Dios cumple sin cuerpo. Por lo tanto, no estoy dispuesto a descartar que mi cuerpo sea semejante a Dios, de lo contrario nos quedamos con una Biblia imposible que está llena de referencias a tales cosas.

Ahora bien, Dios no tiene cuerpo, pero lo que digo es que todo lo que puede hacer mi mano lo puede hacer él sin mano, de modo que puedo mirar mi mano y pensar en la mano de Dios y no distorsiona mi entendimiento. Mentalmente, soy inteligente. No sé cuál es mi cociente, pero puedo pensar, puedo reflexionar, tengo una apreciación de la verdad. Dios también es así. Estéticamente, aprecio la belleza; Dios también. Moralmente soy consciente de que hay una diferencia entre el bien y el mal, aunque mi conciencia esté condicionada por mi educación.

Podría seguir y hacer una larga lista de las diferentes cosas que hay en mí que se parecen a Dios, pero solo quiero decir que es el conjunto lo que se parece a Dios, no las partes. Creo que cometemos un gran error si decimos: ¿qué parte de nosotros es como Dios? Todo en nosotros es como Dios. Son todas estas cosas juntas y tratar de encontrar un poco de Dios en alguien es, creo,

CREACIÓN

enfocarlo de forma equivocada. Él hizo al *hombre* a su imagen, no un poco del hombre, sino que todo el ser es como Dios. Lo que significa que Dios es como el hombre, y eso es revolucionario. Por eso es tan insensato hacer un becerro de oro y decir que eso es Dios. Nos hemos alejado mucho más de Dios si nos fijamos en un animal. Es el hombre el que es como Dios. Deberíamos ser capaces de mirar a todo el mundo en el metro o en el autobús y decir: Dios es como esa persona sentada allí. Deberíamos ver su imagen, por más distorsionada que esté, por más oculta que esté. Hay una imagen de Dios que la Biblia enseña que ningún hombre pierde. Es interesante que la imagen no es una cosa tan espiritual que solo tienen los creyentes. En la Biblia se dice que los incrédulos, los pecadores malvados, siguen siendo a imagen de Dios y tienen su semejanza en ellos. Eso da a cada ser humano una dignidad. Eso es lo que detiene la eutanasia, eso es lo que detiene el aborto, eso es lo que detiene la matanza de los retrasados mentales, porque hay una imagen, una semejanza allí. Es una verdad que realmente necesitamos recuperar en nuestra sociedad. Cuando se pierde esa verdad, se acaba con la inhumanidad y la injusticia. Es el todo lo que está en la imagen.

Lo siguiente que quiero decir es que no solo Dios es como nosotros, sino que eso significa que un ser humano es capaz de contener a la Divinidad. Piense en ello. Es que si esto no es verdad —lo que se dice en Génesis 1— entonces no es verdad que la plenitud de la Divinidad habitó en Jesús corporalmente. Charles Wesley en sus himnos lo dice de una manera asombrosa: "Nuestro Dios se contrajo a un palmo incomprensiblemente hecho hombre". La plenitud de la Divinidad se metió en un cuerpo humano de menos de dos metros de altura en Jesús. Hay aquí una conexión increíble por la que casi tenemos que quitarnos los zapatos y maravillarnos. Yo soy como Dios. Por tanto, Dios es como yo. Por tanto, es posible que Dios sea un ser humano y la Encarnación es posible, porque los hombres fueron hechos a imagen de Dios.

El origen del hombre

La séptima diferencia está en el varón y la mujer. Sorprendentemente, Génesis 1 dice que el carácter masculino y femenino de la humanidad nos vincula con Dios y no con los animales. La mayoría de la gente comete el error fundamental de pensar que eso es algo que obtuvimos de los animales. Pero Génesis 1 dice: "A imagen de Dios los creó, varón y hembra los creó". En otras palabras, Dios no podía poner su imagen en una sola persona. Piense en eso. Tuvo que crear naturalezas complementarias. Para mí es una cosa asombrosa acerca de Jesús que él nunca estuvo casado, pero todavía no he conocido a una mujer que no sienta que Jesús la entiende perfectamente.

La vida humana normal es esta: como Dios no es una sola persona sino tres en perfecta unidad, decidió simplemente reducirlo en uno y hacer de la humanidad dos en unidad. Para que comprendiéramos que ninguna persona sola está completa. Dios es una sociedad; la humanidad es una sociedad. Eso no significa que todo el mundo tenga que estar casado. Jesús no lo estuvo, Pablo no lo estuvo; muchos no lo han estado. Pero pobre del hombre que piense que no necesita a las mujeres, o de la mujer que piense que no necesita a los hombres. Nos necesitamos mutuamente, no solo en el matrimonio, sino en la sociedad. Hay naturalezas complementarias que se necesitan mutuamente y, si quiere entender a Dios plenamente, tiene que mirar al hombre y a la mujer juntos. Si quiere ver su imagen, tiene que mirar a ambos. En los animales, macho y hembra es simplemente algo reproductivo. No es una imagen de Dios. Pero en Génesis 1 la distinción entre hombre y mujer en la raza humana es semejante a Dios y no a los animales. Una vez más, lo dejaré que deduzca las implicaciones.

Número 8. Lo que Dios dice al hombre no lo dice a ninguna otra criatura. A los peces y a las aves les dijo que crecieran, se multiplicaran y llenaran, y lo mismo le dijo al hombre. Pero luego continuó diciéndole al hombre: "Y te pongo a cargo de todas las demás criaturas". Nunca le dijo eso a ningún animal. Pero al

CREACIÓN

hombre le dice: "Tú debes someter. Tú estás a cargo; tú tienes el control". Eso diferencia al hombre de los animales.

Número 9. La comida del hombre sería diferente de la comida de los animales. El hombre debía comer el fruto del árbol; las hojas son para los animales o, literalmente, la *hierba* es para los animales. Le contaré dos historias para subrayar esto. El rey Nabucodonosor, ese gran gobernante de Babilonia que se volvió tan altivo que una noche mientras caminaba por los jardines —los jardines colgantes que eran una de las siete maravillas del mundo en la cima de su palacio— dijo: "¿No es esta gran Babilonia mi reino que he construido por mi poder y para mi gloria?". Él tenía su propia versión del Padrenuestro que era "mío es el reino, el poder y la gloria". Dios puso su mano sobre ese hombre y unos días después estaba completamente loco. Dice que sus uñas crecieron largas y su pelo creció largo al igual que Howard Hughes en sus últimos días. Dice que comía pasto como el ganado, como para indicar lo bajo que había caído.

Un amigo mío es misionero en la India y me contó que una de las cosas más terribles que le ocurrieron fue que un día estaba sentado con su mujer para comer y, al mirar por la puerta, vio a un pobre indio vestido con harapos con unos cuantos niños colgados de la mano que subía por el camino hasta la puerta del bungalow. Este indio llamó a su puerta y le dijo a mi amigo: "Por favor, ¿podrían mis hijos pastar en su césped?". Estaba tan desesperado por conseguir comida para sus hijos que quería que vinieran y se pusieran a comer la hierba. Mi amigo dijo que algo lo atravesó, porque estaban tan hambrientos que estaban listos para hacerlo. Cuando vio a los niños pastando, simplemente no pudo manejarlo.

Es que aquí hay una profunda distinción. ¿Puede percibirlo? Si le diera a los niños fruta de su árbol frutal, no lo pensaría dos veces. Pero verlos pastar en su césped, ¿cómo se sentiría? Dios hizo una distinción entre los animales y los hombres, incluso en la línea de alimentación. Nosotros no pastamos como los animales.

La décima distinción fue que Dios le dio al hombre una semana para que fuera su ciclo de actividad. Esa no es una división natural. Ningún animal o ave observa la semana. La naturaleza observa los meses lunares por la luna, y los años solares por el sol. Nunca observa semanas. Ojalá lo hubieran hecho cuando me levantaba a las cuatro de la mañana y ordeñaba 90 vacas cada mañana antes del desayuno. No observaban el domingo en absoluto. Recuerdo que me quedaba dormido en el banco de la iglesia una y otra vez porque había estado levantado haciendo todo ese trabajo y deseaba que las vacas se tomaran un día libre, pero nunca observaban la semana. Los animales no tienen noción de la semana ni del fin de semana. Es algo puramente espiritual para el hombre. "El día de reposo fue hecho para el hombre", y lo vincula con Dios, no con el mundo animal. Todo el concepto de la semana, recuerden mis palabras, desaparece si Dios desaparece de la sociedad. Perderá su domingo muy rápidamente a medida que Gran Bretaña se vuelve más pagana.

Es una de las cosas que nos diferencia de los animales. Los animales no tienen una semana, pero nosotros sí, porque en el séptimo día Dios descansó y dijo: "Ahora, si vas a ser humano, necesitarás un día de cada siete para elevarte por encima de lo que hacen los animales: ganarte la vida. Necesitarás elevarte por encima de comer, beber, casarte y conseguir tu comida. Y necesitarás ser humano y recordar quién eres un día a la semana". La semana está incorporada en nosotros. Tomamos una semana normalmente. Simplemente asumimos que es normal, pero ningún animal guardó una semana jamás. De estas 10 maneras, sume todas esas 10 cosas y obtiene una ecuación que dice que el hombre no es un animal. Y eso es solo en un puñado de versículos de la Biblia.

Hemos encontrado al menos 10 diferencias. Ahora pasamos a Génesis 2. Lo primero que tenemos que decir es que mucha gente dice que Génesis 2 es un segundo relato alternativo de la creación, que ha venido de una fuente diferente, que podemos elegir, que

CREACIÓN

está escrito de forma tan diferente que son casi contradictorios. ¿Ha escuchado esto? Pues bien, quiero demostrarle que no es así. Son muy diferentes en estilo, en orden, en alcance, en punto de vista. Pero son complementarios; no son alternativas, son suplementos. Miran la misma historia desde dos ángulos. Esta es a menudo la manera de Dios en la Biblia. De hecho, para retratar a Jesús tuvo que darnos cuatro ángulos de Jesús: Mateo, Marcos, Lucas y Juan. A Dios no le importa repetirse, pero por lo general, a través de la Biblia, nos dice una cosa dos veces. En todo el Antiguo Testamento a menudo nos da dos relatos de la misma cosa desde diferentes ángulos para que nos hagamos una idea.

Espero que nunca tenga una foto de prontuario en la comisaría, pero si alguna vez lo toman, le harán dos fotos. En una tendrá una oreja y en la otra tendrás dos orejas. Y alguien podría decir: "Creo que solo tiene una oreja", y otros podrían decir: "Creo que tiene dos". Pero, de hecho necesita las dos tomas para tener una imagen completa del hombre, así que si obtiene su foto de prontuario, esto es lo que tendrá.

Génesis 1 y Génesis 2 son dos instantáneas, dos "películas" de la creación. Quiero mostrarle el contraste de puntos de vista entre ambos. Tienen una visión diferente de Dios y una visión diferente del hombre. Curiosamente, ambas son la inversa de la otra. En el capítulo 1, Dios es como el hombre porque el hombre es como Dios, pero en el capítulo 2 Dios es muy diferente del hombre. En el capítulo 1, el hombre es como Dios, pero en el capítulo 2 el hombre es muy distinto de Dios. De hecho, ambas cosas son ciertas, y si quiere tener una imagen completa de Dios y el hombre, no es suficiente decir que Dios es como el hombre sin decir que Dios también es diferente al hombre. No basta con decir que el hombre es como Dios porque también es cierto que no se parece a Dios. Es como si Dios nos hubiera dado dos puntos de vista diferentes para darnos toda la verdad, y equilibrarla.

¿Alguna vez ha cerrado los ojos después de leer una porción de la Biblia y se has preguntado dónde está parado? No creo que

El origen del hombre

muchos lo hagan. Por ejemplo, cuando lee la parábola del fariseo al frente del templo que dice: "Te doy gracias porque no soy como los demás hombres"; y el hombre al fondo del templo golpeándose el pecho que dice: "Dios, sé propicio a mí, pecador", ¿conoce esa historia? Cuando lee esa historia, ¿dónde está parado usted? ¿Dónde mira para ver al hombre de atrás y dónde mira para ver al hombre de delante? Si es como yo, dice: "No soy ninguno de los dos", así que me pongo a mitad de camino y mentalmente me encuentro mirando al hombre de delante y mirando al hombre de atrás. ¿Entiende lo que quiero decir? Cuando leo Génesis 1, siento que estoy justo debajo de las nubes; estoy en el aire observando lo que sucede. ¿Ve lo que quiero decir? Me encuentro mirando hacia abajo a la tierra seca que aparece y mirando a las nubes, flotando por encima de la superficie de la tierra. Si lo piensa un poco, creo que descubrirá que es ahí donde se encuentra mirando. Probablemente nunca ha pensado en ello y por eso nunca se ha dado cuenta. Está flotando por encima de todo. Pero no está arriba, donde está Dios, y no está abajo, en la superficie de la tierra; lo estás observando desde un poco más afuera. Se da cuenta que ahí es donde el Espíritu Santo estaba mientras todo sucedía. Él estaba revoloteando sobre las aguas. Y fue el Espíritu Santo quien transmitió Génesis 1 al hombre, así que se encuentra exactamente donde él estaba. ¿Tiene sentido para usted?

En Génesis 2, ¿dónde se encuentra usted? Escondido detrás de un árbol, ¿verdad? Sus pies están en el suelo en Génesis 2. Léalo y se encontrará en el jardín, y sus pies están en el suelo. No está revoloteando arriba, mirando hacia abajo. El punto de vista es el de alguien que está en el jardín, que es precisamente donde estaba Adán. Como recibimos esto de Adán —él no estaba en Génesis 1, así que no podía decírnoslo, pero estaba en Génesis 2 y claramente ha seguido adelante—, tenemos su punto de vista; hemos cambiado del punto de vista divino al humano. Hemos pasado de donde el Espíritu revoloteaba a donde Adán caminaba. De hecho, estamos justo detrás de un árbol escuchando

CREACIÓN

la conversación. Ahí es donde está usted, y ese es el punto de vista. Ahora bien, desde esos dos puntos de vista obtendrá toda la verdad, desde el divino y el humano. Verá la verdad real. Desde el punto de vista divino, el hombre es como Dios, no como los animales. Pero desde el punto de vista humano, aquí abajo en la tierra, somos mucho más como los animales que Dios. ¿Me sigue? Eso es lo que sentimos porque estamos aquí abajo y nos encontramos en el mismo entorno.

Esa diferencia de perspectiva es muy importante, porque con Génesis 2 comenzamos la historia y la geografía. Comenzamos los acontecimientos reales de la historia de nuestra raza humana. Los lugares son ahora reales, lugares literales con nombres. Una de las mayores diferencias entre Génesis 1 y Génesis 2 es que ahora tanto Dios como el hombre tienen nombre. Mientras solo existían Dios y su mundo, no había intimidad, ni relaciones que necesitaran nombres, porque el mundo no hablaba con Dios y Dios no hablaba con el hombre directamente. Hablaba con su Espíritu. Pero ahora en Génesis 2 hay relaciones. Ahora se necesitan nombres, y una de las primeras cosas que debe haber notado es que mientras que en Génesis 1 es "Dios dijo", "Dios vio", en Génesis 2 es "SEÑOR Dios hizo" y "SEÑOR Dios vio". Esa palabra SEÑOR en mayúsculas es una traducción no muy buena. Simplemente la han puesto allí donde hay una extraña lista de cuatro letras en el hebreo: JHVH. Y como la mayoría de los ingleses/españoles no saben pronunciar el hebreo, suelen decir Jehovah/Jehová. Así que cuando un inglés/español dice Jehová, el hebreo no sabe lo que quiere decir, y cuando el hebreo dice Yahweh/Yavé, el inglés/español tampoco.

Es interesante que la Biblia de Jerusalén, la católica romana, sí pone Yahvéh, y ese es el nombre de Dios. "Dios" no es un nombre, es un título; es una descripción. Pero Yavé es un nombre. Es como si dijeras: "Oh, mira al bebé Matías". "Bebé" no es un nombre. Nos dice *lo* que es, pero Matías nos dice *quién* es. ¿Lo entiende? O si dice: "Nuestro delegado sindical, José". Delegado

El origen del hombre

sindical le dice lo que es, pero José le dice quién es. "Dios" no le dice quién es Dios, le dice lo que es. Pero SEÑOR le dice quién es. Es un nombre extraño. Viene del verbo ser, y no sabemos muy bien si es un participio o la raíz del verbo o qué, pero significa "ser", "es", "soy". No sé muy bien cómo traducirlo. Acabo de traducirlo como "el Dios Que Es". Es casi como si Dios dijera, mi nombre es "es", pero como eso suena un poco tonto para nosotros, vayamos un poco más lejos y usemos la traducción que tal vez se usa en muchas versiones en inglés/español: "Yo Soy". Por eso intentaron apedrear a Jesús cuando se llamó a sí mismo así. Significa "siempre he estado aquí; siempre estaré aquí; cualquier otra cosa que exista, yo siempre existiré. El mundo no siempre estuvo aquí, tú no siempre estuviste aquí, pero yo sí. Yo Soy. Yo soy el Dios que *es*. Así que, cuando quieras referirte a mí, te refieres a mí como 'Es', el Dios que es: ¡Yo Soy!".

Un nombre tremendo. Significa que ahora puedo tener una relación personal con él. Pero fíjese que no es una relación de igualdad. En una relación de igual a igual, se dan nombres, pero en esta relación, Dios se da a sí mismo su nombre y nos da nuestro nombre. En cierto sentido, es unilateral. Es la relación de un superior con un inferior, y tenemos que recordarlo siempre. No debemos tener una relación de compinches con la Deidad. Debemos recordar siempre que, aunque somos sus hijos, y nos ha dicho que lo llamemos "papá", nunca dice que seamos iguales, y nunca lo seremos. Así que debemos tener cuidado con esto.

Ae da a sí mismo su nombre, Yo Soy, el Dios Que Es, y nos da nuestro nombre. Él dice: "Hola, Polvoriento". Eso es lo que significa Adán. Es un apodo, y los apodos siempre describen a la persona, ¿se dio cuenta? "Hola, Largo". Lo describe, ¿no? Aquí viene el viejo Amargo. Los apodos describen, y Adán simplemente significa Polvo. Más tarde, Adán llamó a su esposa Vivaz por lo que eran un buen par: Polvoriento y Vivaz.

Quiero transmitirle el verdadero significado de los nombres. Tendemos a poner un halo alrededor de los nombres bíblicos y

CREACIÓN

ponerlos en una vidriera, diciendo *Adán*. ¿Polvoriento? Es un recordatorio constante para él de su lugar. "Yo soy el Dios Que Es. Hola, Polvoriento. Te saqué del polvo y ahí es donde vas a volver". "Del polvo venimos y al polvo volveremos".

Ese es el capítulo 2 sobre Dios. Ahora mire el capítulo 2 sobre el hombre. Si el capítulo 1 enfatiza la diferencia del hombre con los animales, el capítulo 2 enfatiza su similitud. De hecho, todo lo que dice sobre la creación del hombre en el capítulo 2 es idéntico a lo que dice sobre los animales, pero me temo que a menudo se malinterpreta, especialmente por esa espantosa palabra *alma*, como si de alguna manera Dios pusiera en el hombre algo muy especial llamado alma. De hecho, el hebreo —deberá creer en mi palabra— dice exactamente lo mismo sobre el hombre que sobre todos los animales. Y solo dice dos cosas en Génesis 2 sobre el hombre.

La primera cosa es que ha sido hecho de la tierra, lo que significa que cada partícula en su cuerpo vino de la tierra. No hay una sola cosa en mi cuerpo que no se pueda encontrar en la tierra en alguna parte. Y dice dos veces que Dios hizo de la tierra los animales, así que tengo exactamente el mismo origen que los animales en que ellos y yo salimos de la tierra; de ahí es de donde salimos. Así que Dios tomó del polvo de la tierra; eso es lo que hizo también con los animales. Está diciendo: "Tú no eres tan diferente".

La segunda cosa que se dice aquí es que Dios sopló en Adán. Literalmente, le dio el beso de la vida, y desde su boca hasta las fosas nasales de Adán llenó sus pulmones de aire y se convirtió en una criatura viviente, que es el mismo hebreo que se aplica en Génesis 1 a todos los animales: seres vivos. De modo que Génesis 2 dice exactamente lo mismo sobre la creación del hombre que sobre la de los animales. Así que, mientras que el capítulo 1 dice que el hombre y los animales son muy diferentes, el capítulo 2 dice que el hombre y los animales son exactamente iguales. No entenderá al hombre hasta que junte esas dos cosas, porque ahí es

El origen del hombre

donde estamos, de ahí es de donde venimos. Venimos del mismo lugar que los animales, pero somos muy diferentes. Eso explica la contradicción, las incoherencias, las tensiones que sentimos. Sabemos que somos iguales que los animales. Respiramos el mismo aire. Tenemos el mismo tipo de circulación sanguínea que cualquier otro mamífero. Hacemos nacer a nuestras crías de la misma manera que cualquier otro mamífero. Lo sabemos y, sin embargo, en el fondo sé que no soy un animal. No lo soy, soy diferente. Por tanto, es una contradicción y una tensión, y tenemos que vivir con ello.

Fíjese en que al principio solo había un hombre, un varón, y si tiene problemas con que Dios produzca vida del polvo, lo siento, pero puede que no lo experimente un día, porque la resurrección no es más que eso. Cada vez que me paro junto a una tumba cuando dirijo un funeral y digo: "polvo al polvo, cenizas a las cenizas, polvo al polvo; en esperanza segura y cierta de la Resurrección a la vida eterna", me siento como diciéndome a mí mismo: si no puedo creer que Dios hizo a Adán del polvo, entonces ¿cómo puedo creer que este cuerpo será resucitado de entre los muertos?

Si tiene problemas con una cosa, va a tener problemas con la otra. Y si no puede creer que Dios lo hizo para Adán, entonces me pregunto si realmente cree en su propia resurrección. Porque Dios tendrá un problema más grande entonces que el que tuvo con Adán, para juntar su polvo y hacerlo respirar de nuevo. Pero eso es lo que decimos en el servicio fúnebre. Permítanme esbozar para ustedes ahora lo que vamos a cubrir en el resto de este capítulo brevemente. Dado que el hombre es esta curiosa mezcla y tiene este doble origen, siendo un híbrido, una criatura del cielo y de la tierra, una criatura a la vez divina y humana, a la vez como los animales y diferente de ellos, como Dios y diferente de él, significa que tiene ciertas relaciones muy delicadas que debe manejar. Vamos a ver cuatro relaciones que tiene que tener porque es una criatura dual. Veremos su relación con la

CREACIÓN

vida vegetal, con la vegetación. Luego veremos su relación con Dios, yendo al otro extremo. Después volveremos y veremos su relación con el mundo animal y, por último, veremos su relación con otros seres humanos. En cada uno de estos cuatro niveles, el hombre tendrá una relación única, porque él es lo que es. Y el secreto para sentirse a gusto en el mundo de Dios es establecer correctamente esas relaciones.

Ahora bien, la primera relación es la vegetación. Génesis 2 de pronto vuelve al día 3 y dice que la tierra no era originalmente un ambiente muy hospitalario. No había plantas —plantas silvestres— ni hierbas cultivadas, y la razón era que no había lluvia para regar y no había hombre para cultivar, así que no había ni plantas silvestres ni cultivadas. Ese era su aspecto, muy estéril. Cuando los astronautas volvieron de la luna y se acercaron a la tierra, dijeron que el color más emocionante que vieron fue el color verde, porque no habían visto nada verde en el espacio. Este es un planeta verde y deberíamos estar muy agradecidos de que lo sea. Pero hubo un tiempo en que no lo era; no había ni una brizna de hierba, ni una sola hierba en ninguna parte. Entonces Dios se puso a arreglarlo. La primera cosa era conseguir un poco de agua, y la segunda era conseguir al hombre allí para cultivarlo. Así que empezó a hacerlo.

A partir de ahora, la atención se centra solo en una parte de la tierra. Tengo la sensación de que Dios dejó que las plantas se extendieran de forma natural, espontánea y aleatoria por la mayor parte de la tierra, pero las colocó en una parte. Esa es la sensación que tenemos. Por lo tanto, si hubiéramos estado en esa época, esperaríamos que la mayor parte de la tierra tuviera una vegetación tan aleatoria como la actual, de modo que las semillas simplemente volaran con el viento, se asentaran y crecieran, y el diente de león creciera aquí y el sicómoro allá. Pero en un lugar Dios decidió preparar un parque. Prefiero esa palabra a jardín. La palabra jardín me transmite parterres de flores y cosas así, y eso no es lo que se quiere decir, pero la palabra *parque* transmite exactamente lo que se quiere decir: un lugar plantado con mucho cuidado que tendría dos cualidades, no solo contener árboles que fueran útiles, sino una disposición de ellos que fuera hermosa. Lo que quiere decir que el hombre necesita un entorno tanto estético como utilitario. ¿Entiende lo que digo? No basta con tener un lugar útil en el que vivir; el hombre necesita un lugar atractivo. Ojalá todos los arquitectos pudieran oír eso. Vi un huerto donde, entre las patatas, el hombre había plantado pensamientos y pensé: bien por ti, has hecho un lugar humano. Los antiguos jardines de las casas de campo de la Edad Media tenían las hortalizas entre las flores para tener un lugar útil *y también* atractivo. Hay algunos jardines que son muy atractivos, pero sin ninguna utilidad. Hay algunos jardines que son muy útiles, todas las filas rectas agradables de guisantes, pero no son atractivos. Dios hizo un parque que era ambas cosas para el hombre.

Para los animales, era una plantación al azar. No necesitaba tener belleza. Para el hombre, sí. Eso me dice algo sobre los entornos que creamos para los demás. Nuestra arquitectura, el urbanismo. Me gustaría hablar con los urbanistas que planearon Basingstoke, o partes de ella, y decirles: "¿Se han dado cuenta de que el hombre necesita un lugar atractivo y utilitario para vivir?". Cuando veo a la gente metida en estos pisos altos en conejeras, mi alma protesta. Eso puede ser utilitario, pero no es estético. Por eso Dios dijo para los animales que la naturaleza puede cuidarse sola, porque un animal no se para y dice: "Eh, qué puesta de sol". Pero el hombre sí. Dios hizo un parque y la llamó "Delicia" o en hebreo "Edén". El parque del deleite, que hermoso sonido tiene. Prefiero eso a El Jardín del Edén. El Parque de las Delicias, allí fue donde el hombre fue llevado después de ser hecho. El hombre fue puesto ahí para hacer dos cosas. Se le dijo: "Desarróllalo y protégelo". Ahí está toda la semilla de la ecología.

Me encanta la palabra *agricultura*[1]. Mi primer título fue

---

[1] Nota del traductor. El autor usa la palabra *husbandry*, que tiene como raíz *husband*, esposo.

CREACIÓN

en agricultura y se llamaba agricultura, agricultura animal, agricultura de la tierra. Es una palabra preciosa, ¿verdad? En otras palabras, el hombre debe ser un esposo para la naturaleza, debe desarrollarla, poner su propia marca en ella, pero siempre debe ser para protegerla. El problema es que a menudo hemos puesto nuestra marca en la naturaleza y la hemos destruido. Como las cuencas de polvo de América Central. El hombre debe desarrollarla y protegerla. Me encantaría quedarme con eso y predicar sobre ecología, porque todo el clamor moderno por la ecología tiene sus raíces y fundamentos en el capítulo 2 del Génesis. Esa debe ser su relación. Él es libre de cambiar la forma de la naturaleza, es libre de poner su propio patrón en ella, es libre de hacer granjas y campos. Es libre de hacerlo, pero ay de él si no la protege al mismo tiempo, si saca más de lo que mete. Eso es mala agricultura.

Por cierto, ese Parque de las Delicias era un lugar geográfico concreto en un mapa. No es un mito. Era un lugar real. Estaba en algún lugar de las montañas de Armenia, al norte de Mesopotamia, porque al menos dos de los ríos todavía están allí. Los otros dos probablemente iban hacia el norte hasta el Caspio y el Mar Negro. Pero los dos que todavía están allí, el Tigris y el Éufrates, sus cabeceras están justo en esas colinas armenias. Ahí es donde estaba el parque, así que deshagámonos de esta idea del mito. ¿Por qué Dios nos diría dónde estaba si es un mito? ¿Por qué nos daría nombres que aún conservamos si todo es un mito? Incluso hay indicios sobre la tierra que lo rodea. Había oro aquí y ónix allá que han sido encontrados. Javilá está al este de Armenia. Cus estaba al norte, entre el Caspio y el mar Negro. Así que estamos en la geografía real, la historia real, los acontecimientos reales.

La segunda relación que quiero tocar es la relación entre el hombre y Dios, la relación con Dios y esos dos árboles inusuales. Porque es entonces cuando la gente piensa que hemos vuelto al mito. Justo en medio del parque había dos árboles frutales. Uno tenía la capacidad de alargar la vida indefinidamente y el otro, la capacidad de acortarla muy rápidamente. Esto es significativo. Dios puso al hombre en un lugar donde podía tener vida eterna y donde podía morir como los animales.

Veamos primero esos dos árboles juntos. ¿Eran árboles mágicos? Ciertamente no hay ningún árbol ahora con fruta como esa. No, no eran árboles mágicos. Eran árboles frutales ordinarios, pero eran *árboles sacramentales*. Me pregunto si sabe lo que quiero decir con eso. En el sacramento de la Cena del Señor, hay pan y vino ordinarios y, sin embargo, podemos enfermarnos o incluso morir por tomarlos. No hay nada mágico en el pan y el vino. No hay nada venenoso en ellos, pero Pablo dijo que, si comemos ese pan y bebemos ese vino sin discernir el Cuerpo, podemos comer y beber condenación y juicio para nosotros. Dijo: "Por eso que algunos de ustedes están enfermos y algunos incluso han muerto". Debemos recordar eso cuando tomamos el pan y el vino. Es algo muy serio.

Ahora bien, el pan y el vino no tienen nada de mágico, sino que Dios ha designado la ingesta de ese pan como un acto sacramental que conlleva ciertos efectos espirituales e incluso efectos físicos. ¿Entiende lo que quiero decir con sacramental en contraposición a mágico? Los árboles no son mágicos. Son sacramentales. No son árboles raros y maravillosos, solo que Dios dice que comer ese árbol traerá vida, vida física, como comer el pan y beber el vino equivocadamente en la Comunión puede traer muerte; sacramental. No hay nada más en estos árboles que el hecho de que sean sacramentales. El agua en el bautismo es simplemente H2O y, sin embargo, ¿qué no puede lavar? Sabemos lo que puede lavar porque es *sacramental*. No hay magia en el agua, pero Dios ha designado ese acto de ser sumergido como un medio de gracia. ¿Me sigue? Los dos árboles no eran mágicos ni míticos. Eran dos árboles que Dios *designó* para ciertos propósitos y dijo que ató algo al acto de comer. Son sacramentos. Uno de vida, uno de muerte.

Veámoslo ahora un poco más de cerca. El árbol de la vida

CREACIÓN

significa simplemente que el hombre por sí mismo no viviría para siempre pero que la posibilidad de que lo hiciera estaba ante él. Dios estaba diciendo: "Sacramentalmente es lo que te estoy ofreciendo. Si estás sin eso, entonces morirás como los animales, pero eres capaz de recibir una vida que seguirá y seguirá". Y aún es verdad que soy capaz de recibir la vida eterna de Dios. No la tengo en mí. No soy inmortal, pero "lo mortal puede revestirse de inmortalidad". Soy capaz de vivir eternamente. Pero no es inherente a mí. Tengo que comer. Tengo que tomar algo de Dios para hacerlo posible. ¿Me sigue? Eso es lo que representaban los árboles. Hay otras cosas emocionantes que podría seguir diciendo, pero solo quería señalar una idea. Sabe, no hay razón para que mi cuerpo muera. Es una máquina increíble capaz de reemplazar cualquier célula que se desgaste. De hecho, cada siete años cambio cada célula. Surge entonces la pregunta: ¿por qué no puede seguir así? No hay ningún científico que haya podido descubrir todavía por qué el reloj empieza a perder cuerda. Teóricamente se trata de una máquina que se perpetúa a sí misma, pero no es así. ¿Por qué el cuerpo no puede seguir adelante, reemplazándose a sí mismo cuando se cae el pelo, haciendo crecer pelo nuevo, haciendo crecer piel nueva cuando se cae la piel? Yo lo hago regularmente. Cuando estoy en el mejor momento de mi vida, lo hago bastante bien, pero me temo que ya estoy en el lado perdedor de la batalla. Cada vez que voy al dentista o al barbero, me doy cuenta de que ya estoy en el lado perdedor de la batalla. Pero ¿por qué mi cuerpo empieza a desgastarse?

No hay ninguna razón científica para que nuestro cuerpo muera, ninguna en absoluto. No es un acontecimiento natural, y por eso el ser humano dice: "No estoy hecho para morir; odio la muerte". Si hay una fobia que la gente tiene, es a la muerte. Si hay una palabra innombrable de seis letras, es m-u-e-r-t-e. Pataleamos contra ella, nos rebelamos contra ella, la disfrazamos de fiesta de la cosecha, nos referimos a la gente que *fallece* o *ha partido*. Me di cuenta de que cuando digo a la gente: "Fulanito ha muerto", dan un salto. Si hubiera dicho "ha fallecido", estaría bien, pero ¿ha muerto? No. Lo odiamos, pataleamos contra ello porque, como dice un texto de la Biblia, Dios ha puesto la eternidad en nuestros corazones. Por eso los rusos buscan el elixir de la vida. Saben que estamos hechos para una vida más larga de la que tenemos. Cada uno de nosotros siente que la vida es demasiado corta para todas las cosas que hemos esperado y soñado y que queremos hacer. Dios dice que él ha puesto eso en su corazón y ha puesto un árbol de vida a su alcance. Puede tener vida eterna, pero no la tiene. Debe apropiársela. Lo que significa que soy capaz de recibirla.

Entonces, ¿qué podría impedirme recibirlo? Comer del otro árbol. ¿Y qué es comer del otro árbol? ¿Qué significa este árbol del conocimiento del bien y del mal? La palabra "conocimiento" en las Escrituras no significa conocimiento de la cabeza sino conocimiento de la experiencia. Significa tener una implicación personal con algo. "Y *conoció* Adán a su mujer Eva, la cual concibió y dio a luz un hijo". Eso no es saber de alguien sino relacionarse íntimamente. El árbol del conocimiento es simplemente esto. Significa querer experimentar el mal tanto como el bien, y aún más profundamente. Lo que Dios está diciendo es esto: "La condición de que vivas para siempre es que mantengas tu inocencia, y solo mantienes tu inocencia a través de la obediencia. En otras palabras, no puedes conservar tu inocencia probando las cosas por ti mismo, sino confiando en que otro te dirá lo que es bueno y lo que es malo".

Estoy intentando explicar esto de forma muy sencilla. Permítame hacerlo de esta manera. Una chica puede conservar su virginidad solo negándose a experimentar el sexo antes del matrimonio y, por tanto, confiando en que alguien le diga que está mal hacerlo. Pero si dice: "Voy a probarlo y ver si realmente es tan malo como la gente me dice", perderá su inocencia y nunca podrá recuperarla. Por lo tanto, no puede volver a elegir ser inocente, ¿me entiende? Me ha alegrado ver que tanto la actual Miss Mundo como la anterior han elegido ser vírgenes en

CREACIÓN

el momento de su matrimonio y ninguna de las dos está casada todavía. Es algo nuevo que Miss Mundo diga esto. Lo han elegido bajo la autoridad de otra persona. En ambos casos, fueron criadas en hogares piadosos y se les dijo que estaba mal. Han aceptado el juicio de otra persona y están manteniendo su inocencia y podrán presentarla en su matrimonio, que es el mejor regalo de boda que una novia puede dar a su marido. Ahora bien, si una vez dicen: "No, voy a probar los dos caminos; voy a probar la castidad y la falta de castidad y yo decidiré lo que está bien y lo que está mal para mí", entonces me temo que no pueden decidir. Inevitablemente perderán su inocencia a través de la desobediencia. ¿Lo he explicado completamente?

Dios dice: "Eres libre de comer cualquiera de los árboles. Te doy una gran libertad, pero te doy una restricción: que me dejes decidir a mí lo que está bien y lo que está mal para ti. Y que no trates de experimentar las cosas para decidir por ti mismo. Entonces todo el jardín es tuyo. No habrá ninguna pérdida de felicidad por el hecho de que un árbol sea restringido, ninguna en absoluto. Pero lo único que te advierto es esto: cuando pierdas la inocencia no podrás vivir para siempre porque estropearás mi universo para siempre". ¿Todo esto tiene sentido ahora? Para mi tiene mucho sentido. Una vez que una persona deja de ser inocente, inevitablemente arruina el resto de su vida. Nunca puede volver a ser lo que era. Dios dice: "Las personas inocentes pueden vivir para siempre; serán un puro gozo. Disfrutarán de todo. Pero si *tú* empiezas a probar cosas que no deberían, y si lo haces porque quieres decidir lo que está bien y lo que está mal porque quieres el conocimiento personal de ambos y tomar tu propia decisión, entonces me temo que tengo que decidir en ese momento que mueras". Por lo tanto, la muerte para el ser humano es un hecho judicial y no natural. ¿Me sigue en eso?

No es algo que le haya sucedido naturalmente a la raza humana. Es una *sentencia* de muerte. Por eso la aborrecemos; por eso la odiamos, porque sabemos que hay algo moral en ella. El aguijón de la muerte es el pecado. Eso es lo que la estropea. Hay algo moral en ello. Sabemos que no fuimos hechos para morir; sentimos instintivamente que Dios debería dejarnos vivir para siempre. Y tenemos razón en eso; él quería hacerlo, pero tuvo que poner esa restricción porque dijo: "Las personas que quiero que vivan para siempre son personas inocentes que pueden disfrutar de mi mundo y no lo estropearán. Y cualquiera que lo estropee debe vivir temporalmente y no permanentemente". Esto tiene mucho sentido para mí y veremos cuando estudiemos el capítulo 3 qué es lo que salió mal. Porque este universo está fuera de orden, eso es seguro. Pero esas eran las condiciones. No son condiciones difíciles. Significa que el primer mandamiento que Dios dio a los hombres, que era un mandamiento moral, incluía la palabra "no", y Dios dice: "No harás", pero lo hace por nuestro propio bien, para nuestro disfrute.

Todos los padres tienen el mismo dilema. Sus hijos crecen y quiere decirles: "No toques eso; no te metas en drogas; no hagas esto; no hagas aquello". Y sus hijos sienten que usted quiere que vivan una vida miserable, estrecha y arruinada. Lo hace porque quiere que conserven su inocencia y disfruten de las cosas buenas que Dios ha hecho, ¿verdad? Por eso lo hace. Cada padre terrenal tiene ese dilema con sus hijos. Si tan solo ellos decidieran confiar y obedecer y mantener su inocencia. Pero conociendo su propio corazón, siente que sus hijos harán hasta cierto punto lo que usted hizo y dirán: "Voy a probarlo por mí mismo".

Puedo recordar el primer cigarrillo que fumé en los arbustos. Estuve muy enfermo. Tenía once años. Y podría llevarlo a los arbustos donde tuve esa experiencia. Morbosa, cuando pienso en ello. Un fin de semana perdido. Me arrepentí. ¿Por qué estaba en los arbustos? Porque me habían dicho que no lo hiciera, e iba a intentarlo. Tuvo un efecto bendito. Nunca he querido tocar las cosas desde entonces. Pero estoy segura de que perdí mi inocencia y eso estropeó algo. Nunca podemos borrar eso de nuestra memoria o nuestra personalidad. Nunca podemos recuperar la inocencia. Sé lo que es fumar. Nunca puedo decir que no lo sé.

Ahí estaba Dios, y miró a este hermoso parque y a la hermosa persona que puso en él y dijo: "Solo quiero que sigas siendo inocente en ese parque. Es por eso que puse ese árbol allí, porque voy a ser el Señor. Voy a ser el jefe. Voy a decidir lo que está bien y lo que está mal. Pero es para tu disfrute, es para tu bien. ¿Confiarás en mí? Si no lo haces, entonces tengo que advertirte, no voy a dejar que estropees este parque, porque la gente inocente no estropea las cosas; la gente culpable sí".

Esa era su relación con Dios, y está muy clara. Solo al hombre Dios le dio tal opción. Solo al hombre le dijo Dios: "Ahora eres responsable de tu propia vida así como de las plantas y los animales". Y creo que no se trata a un hombre como un ser humano si no se le trata como un ser responsable. Me he sentado en tribunales donde la gente ha alegado que el hombre en el banquillo de los acusados es una pobre víctima inocente de su herencia y su entorno, que está enfermo y necesita un psiquiatra, que no es responsable de sus actos. Y siento que no estamos tratando a ese hombre como a un hombre. Lo estamos tratando como a una máquina. Dios dice que usted es un ser humano, es responsable de sus elecciones. Es responsable. Tratamos a un hombre como hombre cuando lo tratamos como responsable.

La tercera relación es la relación con los animales. La relación con las plantas era desarrollarlas y protegerlas, pero no más que eso. Me entristeció ver en la televisión a un hombre que tenía 8.000 cactus en su casa adosada. Cuando le preguntaron por qué tenía tantos —abarrotaban cada centímetro de su pequeño adosado—, cuando el entrevistador dijo: "¿Por qué tiene tantos?". Respondió: "Es algo con lo que hablar por la noche". Sentí el dolor del corazón de Dios en eso. Sentí a Dios diciendo: "No te hice para que hablaras con un cactus". Es casi tan triste como cuando encontramos a una querida anciana que no tiene relaciones excepto con un gato o un periquito. Eso va en contra de la voluntad de Dios. Es triste. Puede que no sea culpa suya,

El origen del hombre

pero no es la voluntad de Dios. Así que las plantas están ahí para servir al hombre, para proveer comida, pero no deben estar en una relación. Si entran en esa posición, entonces hay una distorsión de la vida real.

El segundo grupo son los animales. Debe haber una relación más estrecha entre el hombre y los animales. Él debe darles nombres, y dar un nombre es expresar poder y autoridad sobre una persona. Por eso, a los niños en la escuela les encanta poner nombres a sus maestros. Les da una sensación de cierto poder. Una forma de vengarse de ellos. Pero ya ve, dar un nombre significa que tienes autoridad sobre él. Así que Dios le dijo al hombre: "Ya que estás a cargo de los animales, yo no voy a nombrar a los animales. Yo te nombré Adán, pero tú debes nombrar a los animales".

Estoy seguro de que ha oído esa encantadora historia de Adán llamando rinoceronte a un animal y Eva preguntándole: "¿Por qué llamaste rinoceronte a eso?". Respondió: "¿Has visto alguna vez algo que se parezca más a un rinoceronte que eso?". Sea lo que sea su pensamiento detrás del nombramiento, de hecho, la mayoría de los nombres eran descripciones. Dios dijo: "Ahora Adán, ¿qué dices acerca de este?". Lo que dijo se convirtió en su nombre, y todos los primeros nombres de animales son en realidad una descripción de cómo se ven o cómo suenan. Le doy algunos ejemplos: cucú; lo que llamamos "cucú" es una descripción de su llamada, así que lo llamamos cucú. El hombre dio todos los nombres: hipopótamo, *hippos* es caballo en griego y *potamos* es río en griego. Y si alguna vez ha visto un hipopótamo con la cabeza justo por encima del agua, ve la cabeza de un caballo; por eso se le llama el caballo del río. Todos los nombres de los animales se remontan a esto. El hombre estaba a cargo de los animales, así que les dio nombres. El hombre es capaz de analizar, describir, etiquetar, categorizar; eso le da autoridad sobre ellos. Dar un nombre es tener autoridad. Los apodos son autoridad. No soporto que a los hombres se les llame números, pero ya sabe,

CREACIÓN

un preso está bajo la autoridad de las autoridades penitenciarias y las autoridades penitenciarias dicen que es el número 4509. Etiquetan a ese hombre y eso les da autoridad sobre ese hombre. Se refieren a él de esa forma.

En el matrimonio, la esposa cambia su nombre, que es muy significativo. Ella cambia del nombre de un hombre al nombre de otro hombre, del nombre de su padre al nombre de su esposo, porque ahora ella está relacionada con el liderazgo de otro hombre. Es interesante ver que esa costumbre está siendo atacada ahora a medida que nos alejamos del modelo de Dios.

Pero con los animales, por mucho que el hombre ponga nombre a un animal —y aún no hemos llegado a poner nombre a nuestros patos, pero hemos puesto nombre a nuestra cobaya y a nuestro perro— no debe ni puede ser un compañerismo pleno. Donde un hombre, donde un marido está más apegado a su galgo que a sus hijos, hay algo fuera de la voluntad de Dios. Si Dios quisiera más a sus animales domésticos y a su jardín que a sus hijos, estaríamos muy tristes, ¿verdad? ¿Sabía que cada vez que nos preocupamos por algo, cada vez que *yo* me preocupo por algo, estoy difamando a Dios? Estoy diciendo que él se preocupa más por su jardín y sus mascotas que por sus hijos. Jesús dijo: "Miren los lirios del campo, cómo crecen; no trabajan, ni hilan. Ni Salomón con toda su gloria se vistió como uno de éstos. Y considera las aves del cielo, cómo se alimentan. ¿Por qué entonces te preocupas por el mañana, qué comer o qué ponerte?". Está diciendo que Dios se preocupa más por su jardín y sus mascotas que por mí cuando se preocupa, todo un pensamiento.

Entonces, el hombre se fijó en estos animales y los miró. Dijo: "Eso es un gato, eso es un perro, eso es un caballo". Hubo una palabra que nunca usó cuando nombró a los animales. No llamaba *compañero* a ninguno de ellos. Entre todos los animales no encontró un compañero para él. Por eso ningún ser humano puede encontrar finalmente una relación satisfactoria con un animal o un pájaro. Y si se encuentra más cerca de un animal que de un ser humano entonces necesita buscar a Dios de nuevo. O si conoce a alguien así tal vez necesita preguntarle a Dios si debería relacionarse con esa persona y romper su soledad. Hay muchas otras cosas que podría decir aquí. Esta es una de las razones por las que la sodomía es una abominación para Dios. Es una relación que no está bien a sus ojos.

Llego finalmente a las relaciones humanas. ¿Cómo se relaciona el hombre con los vegetales? ¿Cómo se relaciona el hombre con los animales? ¿Cómo se relaciona el hombre con Dios? Todas esas relaciones son lo que yo llamo relaciones verticales, ya sea con cosas que están por debajo de uno o con alguien que está por encima de uno. La relación con las plantas y los animales está abajo, la relación con Dios está arriba, pero el hombre no puede ser plenamente humano sin una relación horizontal. He oído a algunos cristianos decir: "Tengo una hermosa relación con el Señor; es todo lo que necesito". Hay algo que falta terriblemente en la vida de esa persona. Todo es vertical, no hay horizontal. Adán no pudo encontrar una relación horizontal de ninguna manera, no pudo encontrarla con los animales, no pudo encontrarla con Dios. Cada una de ellas es vertical, una relación de arriba abajo con un superior y un inferior. Para los animales, era superior, para Dios, inferior, pero no un igual. Y el pobre hombre, mientras veía venir a los animales y les ponía nombre, se dio cuenta de que siempre iban y venían de dos en dos. Parecían llevarse muy bien, y él se sentía muy solo. ¿Por qué no puedo tener un compañero como todos ellos? Dios dijo que no es bueno que un hombre esté solo.

¿Ha leído *Robinson Crusoe*? Se organizó bien la vida en su isla desierta y se instaló muy bien, pero era un hombre solitario. Un día vio una huella humana en la playa, el hombre Viernes, y se acabó su soledad. Wso no le ocurrió al verdadero Robinson Crusoe, que era un diácono bautista de Largo, en Escocia, Alexander Selkirk. *Robinson Crusoe* se basó en su vida. Daniel Defoe conocía a ese diácono bautista, que estuvo en un barco y fue arrojado a una isla desierta durante cuatro años. Llevaba consigo su Biblia, y

CREACIÓN

muchas de las cosas que se leen en Robinson Crusoe le sucedieron a Alexander Selkirk. Lo único que no le ocurrió fue que no había ningún otro ser humano y se sintió desesperadamente solo. Si va a Largo, en Escocia, verá una estatua fuera de la iglesia bautista de allí. "No es bueno para un hombre estar solo". Dios dijo: "Tiene relaciones verticales conmigo, con los animales, pero no horizontales".

Ahora viene la historia más tierna y hermosa. El hombre nunca estuvo destinado a ser un solista o un llanero solitario. Aquí tenemos la primera boda y la primera operación con anestesia, una historia gloriosa. Terminaremos el capítulo con esto. El origen de la mujer fue una creación especial, no del polvo como el hombre, sino del hombre. Ciertamente esto no encaja con la evolución. Ella fue hecha del hombre, y nuestros modernos descubrimientos científicos están mostrando cuan posible es. En 1967, en Oxford, un científico descubrió que una célula tomada del cuerpo de un sapo, no de sus órganos genitales, sino solo de su piel o parte de su intestino, una célula, descubrió que en realidad tenía en ella la cinta, los genes para todo el cuerpo. Fue un descubrimiento único porque significa que cada célula de mi cuerpo podría producir todo mi cuerpo y si una célula solo produce un riñón, es porque en la cinta en esa célula todo lo demás excepto el riñón es apagado y al trozo del riñón se le permite operar. Así que, a partir de una célula, se puede producir un cuerpo entero, y a partir de esa célula en Oxford en 1967 ese hombre produjo un sapo entero. Era un gemelo del sapo, o un *clon* como él lo llamó, de todo el sapo. Sin ninguna relación sexual en absoluto, esa célula se convirtió en un sapo entero. ¡Una célula! Cada célula de mi cuerpo contiene todo mi cuerpo grabado. Ese pequeño código de ADN lo contiene todo. ¡Qué descubrimiento!

Ahora bien, la palabra *costilla* no aparece en el hebreo. Solo dice parte del costado de Adán, algún tejido de su costado. Dios simplemente clonó a Adán e hizo lo que hicieron en Oxford en 1967: tomar parte del tejido y producir un gemelo. La única ingeniería genética que tendría que hacer sería cambiar el cromosoma Y por un cromosoma X. Eso es lo más pequeño, lo más insignificante. Es la cosa más diminuta. Solo necesita un pequeño brazo extra puesto que cada célula de mi cuerpo. Es suficiente, no para producir un cuerpo masculino solamente, sino también uno femenino. De nuevo, ciertas cosas serían suprimidas y otras, desarrolladas. Todo lo que Dios tendría que hacer sería tomar un poco de tejido del lado de Adán, cambiar ese único cromosoma. Adán tendría su operación con anestesia. Vaya que debe ser una cosa agradable salir de una operación para ver eso, ¿no? ¿Por qué Dios produjo a la mujer de esa manera? Para decir que el hombre está incompleto ahora. Siempre estará incompleto como un llanero solitario. Él necesita ser complementado con otra vida.

Cuando ustedes los casados hacen el amor, solo recuerden que están volviendo a juntar lo que Dios separó. De eso se trata. Por eso un hombre encontrará que ésta es la relación más fuerte de su vida, más fuerte incluso que la relación con sus padres, que es la más fuerte que tenemos en los primeros 20 años de nuestra vida. Pero estamos dispuestos a romperla, a dejar a nuestro padre y a nuestra madre y a unirnos a alguien que consideramos que nos completa donde ellos no pudieron. Todo se remonta a que Dios clonó a Adán y produjo un gemelo idéntico que era mujer. Adán, si había visto su reflejo en un estanque o no, no lo sé, pero cuando miró a Eva, dijo: "¡Es esto!". Esa es literalmente la traducción. "¡Es esto!". Todo esto está en hebreo; es hermoso. Si puede imaginarlo, ya que ella era su gemela, aquí estaban Adán y Eva mirándose el uno al otro, con los mismos rasgos, hechos el uno para el otro, hechos el uno *del* otro. Sabiendo que tenían que ser uno. Es un pensamiento asombroso.

De ahí viene todo nuestro pensamiento sobre el matrimonio. Siempre que Jesús se metía en discusiones sobre el divorcio, volvía a esta parte de la historia y apelaba a lo que había sucedido desde el principio. Esta es la base. En cada boda a la que va usted,

CREACIÓN

aquí es donde empezó todo. He aquí un hermoso comentario de un santo llamado Matthew Henry. Dijo que, cuando Dios hizo a la mujer, no la sacó de la cabeza del hombre para enseñorearse de él, ni de sus pies para ser pisoteada por él, sino de su costado para ser igual a él, de debajo de su brazo para ser protegida por él y de cerca de su corazón para ser amada por él. Menudo sermón, ¿verdad? Un hermoso comentario.

Permítame decirle 12 cosas sobre el matrimonio que están todas aquí. Se las daré en frases.

1   El sexo es bueno, es hermoso. Dios lo hizo y dijo que es muy bueno. No difame nunca a Dios en eso.
2   Es para una relación antes que para la paternidad. Tiene toda una implicación para la anticoncepción. Cuando Dios hizo el sexo no lo hizo en el hombre principalmente para tener hijos, sino para que el hombre tenga compañerismo. Por lo tanto, hacer el amor no es principalmente para tener hijos. Esto es algo muy profundo. Es ante todo un sacramento del amor. Es una expresión de que nos pertenecemos mutuamente.
3   El hombre está incompleto por sí mismo y necesita una pareja complementaria. Por eso tiene sentido el lenguaje como "mi media naranja", "mi otra mitad" y "mi alter ego".
4   El hombre fue anterior a la mujer, pero no es superior. En Génesis 1, tanto el hombre como la mujer son imagen de Dios. Espiritualmente son iguales; funcionalmente no lo son, pero espiritualmente sí. En valor, estatus, todo, ambos están en la imagen.
5   El patrón de Dios para el matrimonio es la monogamia: un hombre se casa con una mujer. Por lo tanto, la poligamia —muchas esposas— o la poliandria —muchos esposos— no son la voluntad de Dios. Me encanta el alumno de escuela que dijo: "Estar casado con una sola persona para toda la vida es monotonía". Casi acertó. Es monogamia, ¿de acuerdo?
6   El matrimonio tiene un lado legal y social, además del físico.

Hay un abandono de un hogar y una unión para empezar otro oficiales. Por tanto, no basta con decir: "Nos vamos a vivir juntos. El matrimonio es solo un trozo de papel; es solo una ficción legal". Es muy importante que el matrimonio se vea como algo social además de físico. En realidad, uno está rompiendo ciertas relaciones e iniciando otras. Por lo tanto, una boda es apropiada. Es justo que la sociedad reconozca que esta mujer ya no está bajo la autoridad de su padre, sino bajo la de su marido. Hay un abandono y una unión. Y que el padre de la novia diga: "Entrego esta mujer a este hombre" es tan importante como la consumación física. Por lo tanto, toda esto que se haba de que es solo un trozo de papel es ridículo a los ojos de Dios. Es algo tanto social como personal y físico.

7 La unión es la consumación física. Dos cuerpos que vuelven a ser uno es el sello real del matrimonio. Por eso la mayoría de las leyes reconocen la nulidad de un matrimonio que no ha sido consumado. También lo hace la Biblia.

8 El matrimonio tiene prioridad sobre todas las demás relaciones. El primer deber de una persona es para con su pareja y todos los chistes sobre la familia política tienen algo de verdad. Si la madre o el padre de uno de los cónyuges tiene más influencia sobre él que sobre el otro, algo va muy mal. Y si una pareja se encuentra en esa situación porque la suegra o el suegro viven cerca, yo le aconsejaría a esa pareja que se mudara de casa y se alejara, porque la relación matrimonial debe primar sobre todas las demás. "El hombre dejará a su padre y a su madre".

9 El matrimonio es permanente. No hay divorcio. Cuando le preguntaron a Jesús sobre el divorcio, remitió a la gente al principio y a la unión, que significa *aferrarse a*. Desde la primera palabra de la Biblia, la lealtad es un ingrediente vital del amor y todo pensamiento sobre la separación debe comenzar con Génesis 2.

CREACIÓN

10 El marido es el líder del matrimonio; no el dictador, sino el líder. Él tiene esa responsabilidad y se expresa en el hecho de que da el nombre a su esposa. Desde Génesis 2 mismo, Adán le puso nombre a ella. Cuando nos casamos, mi mujer tomó mi nombre. Yo le di mi nombre, así que no es una democracia de dos, ni tampoco una dictadura de uno. Es un liderazgo de tres en el que el marido es la cabeza de la mujer y Cristo es la cabeza del marido. Creo que una esposa que tiene un marido cuya cabeza es Cristo estará dispuesta a aceptarlo como su cabeza. Solo cuando él no esté bajo Cristo se convertirá en un dictador.

11 La función principal de una esposa es ayudar a su marido. Debe ser una ayuda. No se trata de dos personas con carreras y ambiciones totalmente independientes que comparten una casa porque es más barata y una cama porque es bonita. Principalmente —principalmente— la esposa debe ser la ayudante de su marido y, si lo es, Dios la capacitará para encontrar su plena realización en esa vocación tan elevada.

12 El ideal en el matrimonio es una libertad y una soltura tan completas el uno con el otro que no tengan nada que ocultar. Esta última frase es preciosa. Se paseaban sin nada de ropa sin el menor pudor. En otras palabras, ninguno de los dos desconfiaba del otro; ninguno de los dos temía que cualquier cosa que se mostraran mutuamente fuera objeto de abuso o ridiculización. Confiaban plenamente. Eso, por supuesto, no ha vuelto a ser lo mismo desde entonces y el nudismo no puede ser ahora natural, ni volverá a serlo nunca. En el cielo necesitaremos ropa, como veremos más adelante.

Quiero terminar. Hemos visto una escena casi idílica en Génesis 1 y 2 del hombre en un parque de delicias, de todo el mundo en un entorno hermoso, de un matrimonio perfecto. Todo el conjunto. Es interesante que la palabra griega para parque es *paradisos*, de la cual obtenemos Paraíso, y cuando leemos Génesis

El origen del hombre

pensamos: "Oh, eso debe haber sido hermoso. Es un sueño romántico. ¿Qué salió mal?". De las tres relaciones principales, la relación del hombre debajo de él con las criaturas, a su lado con su compañera y arriba con su Creador, esas tres relaciones en las que se sometería al de arriba, se sumergiría en el de al lado y sometería a los que estaban debajo, ¿qué salió mal? Una de esas tres salió terriblemente mal. Es interesante que hoy en día haya todo un nuevo movimiento de personas que dicen que lo que realmente está mal es nuestra relación con el medio ambiente. Estas personas se dedican a salvar a la ballena y a salvar los árboles y vemos el impulso conservacionista que hay. Algunas personas dedican toda su vida a intentar restablecer la relación del hombre con la naturaleza. Luego hay otros que dicen: "No, esa no es la clave; la clave es la reconciliación con nuestros semejantes, dejar de destruirnos unos a otros". Las mujeres en Greenham Common protestando son parte de esto, que lo que realmente ha ido mal es la relación horizontal, nuestras actitudes hacia los demás, toda la alienación destructiva de unos a otros.

La respuesta de la Biblia es que la relación vertical fue la que salió mal y que la conservación no es la respuesta y la reconciliación no es la respuesta a nivel humano. La salvación es la respuesta y que una vez que una relación va mal, las otras dos también van mal. Si no nos sometemos correctamente al Señor y lo dejamos elegir el bien y el mal y guardamos nuestra inocencia, entonces no podemos tener un matrimonio en el que no nos avergoncemos en presencia del otro. Tampoco podemos tener una relación con las criaturas de Dios que no se desequilibre y no sea explotada, de modo que eso nos está preparando realmente para la siguiente etapa de la historia, la verdadera historia de nuestra raza. ¿Por qué vivimos en un mundo desordenado? ¿Qué relación salió mal? Retomaremos la historia en el próximo capítulo.

Capítulo 4

SATANÁS EXPUESTO

En este capítulo entraremos en el capítulo 3 de Génesis, que siempre se lee en los festivales de villancicos y lecturas. Hay una razón para ello, y espero que vea la conexión entre Génesis 3 y la Navidad mientras le leo una paráfrasis. Lo conoce muy bien en otras versiones, así que esto podría traerlo de una manera fresca.

"Había por allí un reptil mortal más astuto que cualquiera de las bestias salvajes que había creado el Dios Que Realmente Es, y se puso a charlar con la mujer. '¿No me estarás diciendo que Dios te ha prohibido comer fruta de cualquiera de estos árboles?'. Ella respondió: 'No, no es así; podemos comer la fruta de los árboles, pero Dios nos dijo que no comiéramos fruta de ese que está en medio. De hecho, nos advirtió que si la tocábamos moriríamos'. 'Seguro que no te haría eso', dijo el reptil a la mujer. 'Solo quiere asustarte, porque sabe perfectamente que cuando comas esa fruta verás las cosas de otra manera. De hecho, estarías en condiciones de rivalizar con él, capaz de decidir por ti misma lo que es bueno o malo para ti'. Así que ella echó un buen vistazo al árbol y se dio cuenta de lo nutritiva y atractiva que parecía la fruta. Además, evidentemente sería una ventaja juzgar por uno mismo, así que la tomó, se comió una parte y le dio el resto a su esposo, que no tardó en hacerlo. Efectivamente, veían las cosas de manera muy diferente. Por primera vez se sintieron cohibidos por su desnudez y trataron de disimularla confeccionando burdas ropas con hojas de higuera.

"Aquella noche oyeron los sonidos del Dios Que Realmente

CREACIÓN

Es y corrieron a esconderse entre la maleza. Pero el Dios Que Realmente Es gritó al hombre: '¿En qué te has metido?'. Y él respondió: 'Te oí llegar y me asusté porque no tenía ropa decente, así que me escondí aquí'. Y él le dijo: '¿Cómo te has dado cuenta de que estabas desnudo? ¿Has estado comiendo la fruta que te ordené que no tocaras?'. El hombre respondió: 'Todo es culpa de la mujer que enviaste. Ella me trajo esta fruta y, naturalmente, me la comí'. Entonces el Dios Que Realmente Es interpeló a la mujer: '¿Qué has estado haciendo?'. La mujer respondió: 'La culpa es de ese reptil horrible. Me engañó deliberadamente y caí en su trampa'.

Entonces, el Dios Que Realmente Es dijo al reptil: 'Como castigo por tu parte en esto, por encima de todas las bestias maldeciré tus caminos con un destino que es peor; sobre tu vientre te deslizarás y empujarás con la boca colgando en el polvo. Por el resto de los días de tu vida habrá terror, hostilidad, contienda entre la mujer y tú por este hecho y ambos lo transmitirán a su descendencia, pero su pie sobre tu cráneo sentirás al golpear con miedo su talón'.

"Luego dijo a la mujer: 'Que aumente el dolor de la maternidad, la agonía, el trabajo y la tensión. Tu deseo por el hombre nunca se enfríe, aunque el precio será el de su dominio'. Pero a Adán le dijo: 'Porque hiciste caso a tu mujer antes que a mí y desobedeciste mi orden que prohibía ese árbol hay una maldición sobre la tierra. Trabajarás todos los días. Crecerán espinas y cardos entre todo lo que siembres. Con el sudor de la frente trabajarás para comer y luego volverás a la tierra en el estado en que te encontraste al salir del barro, volverás por el mismo camino'.

"Adán dio a su mujer un nombre, Eva. Significa dadora de vida porque se dio cuenta de que sería la madre de todos los seres humanos que vivirían. Entonces el Dios Que Realmente Es hizo ropas nuevas con pieles de animales para Adán y su mujer y los vistió adecuadamente. Y el Dios Que Realmente

Es se dijo a sí mismo: 'Ahora que este hombre ha llegado a ser tan consciente del bien y del mal como nosotros, ¿cómo podríamos limitar el daño si todavía es capaz de comer la fruta del otro árbol y vivir tanto como nosotros?'. Para evitarlo, el Dios Que Realmente Es lo expulsó del Parque de las Delicias y lo envió de vuelta a cultivar la misma parcela de tierra de la que había sido moldeado. Tras su expulsión, unos ángeles especiales se apostaron en el límite oriental del Parque de las Delicias, vigilando el acceso a ese árbol de vida continua con armas afiladas y abrasadoras".

El mundo *está* averiado. Hay algo terriblemente mal en él. En Génesis 2 tenemos la imagen de un lugar idílico donde cualquiera podría ser feliz. Hay una sensación de alegría, de paz. Cuando leemos Génesis 2 nos sentimos bien, y entendemos por qué Dios miró todo lo que había hecho y dijo: "Esto está muy bien". Pero hoy en día no conozco a mucha gente que diga que el mundo es muy bueno, ¿verdad? Para citar a una persona, un hombre me dijo: "El mundo es un desastre infernal". Y yo le dije: "Si estás usando esa palabra con el mismo significado que yo la usaría, entonces tienes toda la razón. Porque el infierno es estar sin Dios". Cuando miramos el estado actual del mundo decimos que no es seguramente como salió de la mano de Dios; hay algo terriblemente mal en ello.

Tomemos solo tres hechos muy dolorosos de nuestra existencia, tres hechos universales de la experiencia humana. Número uno, nuestro nacimiento en este mundo es un proceso doloroso. Parece como si fuera una lucha incluso llegar aquí. ¿Planeó Dios que el nacimiento fuera así en un principio? Es una extraña planificación si tenemos en cuenta que el momento en que comienza ese proceso es uno de los placeres físicos más exquisitos que podemos conocer. Sin embargo, conduce a una de las mayores luchas que una mujer jamás conocerá. Y es la mujer la que tiene el dolor, no el hombre. Parece mala planificación; algo está mal en eso. Usted

CREACIÓN

no lo habría planeado así, ni yo tampoco. ¡Y Dios tampoco! Eso es solo el comienzo de esta existencia mortal, que es una gran lucha por la existencia. Toda la vida es una lucha para llegar a fin de mes. En este país estamos bastante bien, estamos bastante cómodos. No nos damos cuenta de que dos tercios de los bebés que nacen hoy en el mundo no llegarán a la madurez, por no hablar de la vejez. Toda la raza humana está luchando para conseguir suficiente comida, luchando solo para sobrevivir. La vida es un gran sudor. Estamos en esta extraña tensión de que queremos trabajar y, sin, embargo no lo queremos; sentimos que, si estamos desempleados, hemos perdido nuestra dignidad, nuestra identidad, nuestra autoestima. Pero si conseguimos trabajo, nos encontramos en tal monotonía y lucha que tarde o temprano nos aburrimos de ello y nos rebelamos; queremos un cambio de trabajo. De alguna manera, la situación laboral parece mal planeada. Pero Dios no lo planeó así.

Cuando llegamos al final de la vida, qué lucha es morir para la mayoría de la gente. Es una batalla perdida contra lo inevitable. Es una de las cosas más dolorosas. Cómo cada uno de nosotros espera que simplemente caminemos por la calle y nos hayamos ido. Algunas personas lo obtienen, pero la mayoría no. Creo que hoy en día más gente teme morir que a la muerte. Es una lucha, y si alguna vez se ha sentado a verla, para la mayoría de la gente es una dura lucha sacudirse esta arcilla mortal. ¿Planeó Dios el mundo de esa manera? No, no lo hizo. No fue así.

Podría seguir. Pero son estas cosas las que hacen que la vida sea una larga y dolorosa lucha para la gran mayoría de la gente. Muy pocos escapan completamente a esa lucha. Eso hace que la gente diga: "Este no es un mundo bueno. Hay mucha maldad en él", y la hay.

Es fascinante estudiar las filosofías y los mitos paganos en este punto y descubrir cómo explican lo que ha ido mal. Casi todas las otras religiones y todos los otros mitos sobre el comienzo del mundo dicen que el mal siempre existió. Estaba incorporado, formaba parte de nuestra existencia. Siempre existió, siempre existirá y es mejor que aprendamos a vivir con él. Eso es lo que se encuentra en casi todas las demás filosofías y religiones del mundo. Es fascinante descubrir que la Biblia lo contradice totalmente y dice que no siempre fue así y que no tiene por qué ser siempre así. Lo cual, francamente, trae un rayo de esperanza.

Levanta nuestro espíritu saber que una vez este mundo no tuvo un nacimiento doloroso o una vida dura o una lucha incluso para morir, y que una vez ninguna de esas cosas existió, que Dios nunca quiso que un hombre fuera un enterrador, que nunca quiso que ninguna parcela de tierra se utilizara para un cementerio. No estaba en el plan. Es una revelación, y solo Dios podía habérnoslo dicho, porque nadie más lo sabía. Las implicaciones de esta revelación son tan profundas que cambian toda la perspectiva de la vida. En lugar de ser fatalistas, nos llenamos de fe.

Algunos creen que el mundo tenía contenido maligno incorporado desde el principio, y algunas religiones dicen que es porque hay dos dioses, uno bueno y otro malo y que estaban ahí desde el principio; o algunos incluso dicen que hay 30.000.000 de dioses. Los hindúes dicen eso y algunos de ellos son buenos y otros malos, así que eso lo explica todo, ¿no? Entonces uno piensa que el mal vino del malo, una explicación muy simple. Pero no es verdad.

Luego están los que dicen: "Solo hay un dios bueno, pero se equivocó al crear. DE alguna manera el mundo material tiene el mal incorporado y la materia es mala inherentemente. Porque vivimos en un mundo material, hay maldad en él". Eso de nuevo es una tontería absoluta. Cuando Dios hizo este mundo material era bueno. La materia es buena y la vida física es buena a los ojos de Dios, así que no necesitamos apartarnos de ella como hacen muchas religiones, y tumbarnos en un lecho de clavos. En el momento de escribir esto, hay incluso un ministro cristiano tumbado en una cama de clavos como si no tuviera nada mejor que hacer que eso. Espero que tarde o temprano lo entienda.

CREACIÓN

Cuando vuelvo al libro del Génesis, me doy cuenta de que me da ciertas ideas claras sobre el problema del mal que necesitamos comprender, y aquí están:

La primera idea es que el mal no siempre estuvo en el mundo. Sosténgalo con firmeza. Cuando este mundo fue creado, era el mejor lugar imaginalbe. Era el cielo en la tierra; era el Paraíso.

La segunda cosa es que el mal no *empezó* con el hombre. El hombre fue persuadido a involucrarse, pero el mal no comenzó con el ser humano. El pecado no fue tan original, así que me temo que ni siquiera podemos atribuirnos ese mérito. Fuimos persuadidos a unirnos a una conspiración; esa es la visión bíblica de cómo las cosas fueron mal. El mal vino de fuera de nosotros, pero se introdujo en nuestro interior.

La tercera idea que nos da la Biblia ya la he mencionado: el mal no es algo físico. El mal no se debe al hecho de que vivamos en un mundo material. Es debido al hecho de que vivimos en un mundo *moral* que existe el mal, por lo que no podemos culpar a nuestras circunstancias. Solo podemos culpar a nuestras elecciones. Esta es una idea fundamental. Volveremos sobre ello más adelante, porque vivimos en una época en la que nadie quiere ser responsable de sí mismo; en la que las cárceles se consideran hospitales; en la que los criminales se consideran pacientes. El estado de ánimo actual es que somos *víctimas* de nuestras circunstancias. Usted dice que fue educado así. Pero demasiada gente se ha elevado por encima de sus circunstancias y ha caído por debajo de ellas como para permitir que nos salgamos con esa explicación.

El mal es algo que elegimos; no nos lo imponen nuestras circunstancias. Génesis 3 trata de esto. Resumiendo, Génesis 1 preparó el escenario, Génesis 2 nos dio el reparto, pero con Génesis 3 comienza la trama, y es el primer acto de un drama que durará hasta el último día de la historia. Es el drama de cómo el mundo se equivocó y cómo Dios va a arreglarlo. Ese es el resto de la Biblia en pocas palabras. La trama comienza con Génesis

3 y repito que se trata de historia y geografía reales. Es un lugar que podemos poner en un mapa y eran personas reales, Adán y Eva, y usted estaba dentro del cuerpo de esas dos personas en ese momento.

Estoy asombrado. Alguien ha dicho que podríamos tomar los genes de todos los seres humanos existentes, los diminutos genes que han controlado su cuerpo y podríamos meter los genes del mundo en un dedal. Ahora no puedo responder por la verdad de eso, pero esos pequeños genes que han hecho la forma de mi nariz y mi altura y el resto de ella, usted podría poner los genes de todo el mundo en un dedal. Pero estuvieron todos en el cuerpo de Adán una vez. Y eso es quizá lo más importante que nos dirá Génesis 3, porque cuando leemos Génesis 3, de repente sentimos que esta es la historia de nuestra vida. ¿Alguna vez ha sentido eso?

Recuerdo que un muchacho de la Real Fuerza Aérea se me acercó una vez cuando era "Padre" y me dijo: "Lo he oído hablar de Génesis 3. No me diga que cree en eso. ¿Es verdad?". Le dije: "Escucha, si te pusiera en la biblioteca del campamento" —y había una gran biblioteca— "y te dijera que aquí hay libros sobre todos los temas que te podrían interesar y que hay suficientes libros para que leas durante los próximos cien años, pero ten cuidado, hay un libro en el estante superior que no debe ser leído por nadie menor de 25 años, pero del resto hay suficientes libros sobre todos los temas que te podrían interesar para que leas, ¿qué vas a hacer si te dejo solo en esa biblioteca?". Dijo: "Está bien, Padre, ya entendí". Y se fue.

Cuando leemos este capítulo, nos estamos leyendo a nosotros mismos. Nos estamos mirando en un espejo y, de hecho, la propia Biblia dice que leer la Palabra de Dios es como mirarse en un espejo; no olvide lo que ve. Es una completa tontería mirarse en un espejo y luego decir: "No me gusta cómo se ve eso", y olvidarlo. Porque en realidad tendrá que seguir viviendo con ese aspecto o lo tendrán que soportar otras personas. Así que más vale que recuerde lo que vio y lo corrija. Ayer por la mañana me miré al espejo y de repente pensé: "He olvidado la maquinilla de afeitar. ¿Cómo voy a ir a las reuniones en Bristol pareciendo un vagabundo?". Podría haber dicho, "Voy a olvidar lo que he visto", pero no lo habría solucionado. Para nada. Cuando leemos este capítulo, es como leer la historia de nuestra propia vida, con una excepción. Hay una sola cosa que no es cierto para nosotros que era cierto para ellos.

Pero entremos en la historia. Nuestra primera impresión es que todo es un cuento de hadas. He aquí una serpiente que charla, y además bastante inteligente. No es solo el problema de un animal que habla, sino de un animal inteligente y pensante. Ése es el mayor problema, no que hable, sino el cerebro que hay detrás. En menos de 50 palabras ha atado a la raza humana a la esclavitud. Un cerebro que puede hacer eso tiene mucho poder. Yo ciertamente no puedo decir lo que tengo que decir en 50 palabras, pero Satanás sí pudo. Ahora, a primera vista, parece una historia de cómo la serpiente perdió sus patas, ¿sabes lo que quiero decir? Esa es la sensación que da, y por eso la gente que lo lee lo descarta como un cuento de hadas. Pero encarémoslo de frente. Abordemos el primer problema: ¿cómo es que una serpiente habla con una mujer y de forma tan inteligente? Pues bien, hay tres posibilidades. Se las expongo y luego les diré cuál creo yo.

La primera posibilidad, y está bastante dentro del ámbito de la capacidad de Dios, es que creó un animal muy inteligente que podía pensar y hablar. Después de todo, lo creó a usted, así que pudo hacerlo con un animal. Pero, francamente, no creo que esa sea la explicación: podría haberlo hecho, pero no creo que sea la explicación.

En el extremo opuesto hay una segunda posibilidad, que enlaza con el resto de la Biblia. Tenemos la ventaja del resto de la Biblia. Eva no vio una serpiente; solo vio un animal. Leemos en el libro de Apocalipsis, "aquella serpiente antigua que se llama Diablo y Satanás". Así que tenemos la pista. Sabemos que tiene algo que ver con Satanás. Entonces, ¿podría ser Satanás disfrazado?

Satanás es lo suficientemente inteligente como para adoptar cualquier disfraz que le guste. Puede venir a nosotros como un ángel de luz. De hecho, si no se disfrazara, probablemente no tendríamos nada que ver con él. Es muy listo; siempre viene disfrazado de otra persona o de otra cosa. Lo encontrará a lo largo de toda las Escrituras.

¿Ha visto la película *El Evangelio según San Mateo*? dirigida por el cineasta italiano Pasolini? Es una película brillante realizada por un comunista ateo; es soberbia. Hay un momento que me conmocionó. Jesús estaba en el desierto —un lugar terriblemente estéril— sentado allí después de seis semanas, con aspecto demacrado, hambriento, cansado. La cámara se desplaza, y a lo lejos se ve una nube de polvo que se acerca cada vez más. Sabemos que es el tentador que se acerca levantando polvo. Vemos esa nube de polvo acercándose y pensamos: ¿qué aspecto tendrá? ¿Cómo lo mostrará el director en la película? El polvo solo se disipa a unos 12 metros de la cámara, ¡y vaya conmoción! ¿Sabe qué aspecto le dio ese comunista al Diablo? Parecía un corredor de bolsa, muy bien vestido, con un bonito traje, con un paraguas enrollado y agradable, seguro de sí mismo, mirando a este Cristo cansado y hambriento con toda la confianza. "Querido amigo, parece que te vendría bien una buena comida. ¿Por qué no conviertes esas piedras...?" Era tan persuasivo, tan plausible, tan real. De repente uno se da cuenta de que podía encontrarse con un hombre de negocios en Londres y Satanás podía hablar con usted. Fue una maravillosa pieza de perspicacia.

Por eso Jesús incluso tuvo que decirle a su amigo más cercano: "¡Aléjate de mí, Satanás!". Tuvo que decírselo porque Satanás estaba llegando a él a través de Pedro, y él puede llegar a usted a través de su esposa, su esposo, sus hijos, a través de sus seres más queridos. Él no es tan tonto como para tocar el timbre de su puerta con una cola bifurcada y cuernos. Tampoco los ángeles vienen en camisones blancos con arpas. Si lo hicieran, ¿cómo podría "entretenerlos desprevenidos"? Tiene que darse cuenta

CREACIÓN

de que los seres sobrenaturales no *aparecen* así. Usted podrías encontrarse con un ángel esta semana. Los cristianos lo hacen sin darse cuenta. Por eso tiene que estar en guardia contra el Diablo. Y este podría ser el Diablo disfrazado.

Otro pequeño punto sobre disfrazarse. Me fascinó leer sobre un campamento de niños en el que hicieron un espectáculo de títeres y decidieron dar alguna enseñanza cristiana a través del espectáculo. Tenían una figura pequeña, un Satanás rojo ardiente con una cola bifurcada. Entraron los títeres y entró el Diablo que les dijo a los niños: "Saquen la lengua a todos los adultos que conozcan y no se laven los pies por la noche y dejen cáscaras de plátano para que se caigan todos los mayores". ¿Sabe lo que pasó? Aquellos niños se desvivieron por lavarse los pies, recogieron toda la basura del campamento y la persona que lo hacía se dio cuenta de que, como Satanás no estaba disfrazado, simplemente huían de él e inconscientemente les producía el efecto contrario. ¿No es interesante? Satanás no es tonto.

Así que podría tratarse de Satanás disfrazado de animal, lo que desmantelaría inmediatamente cualquier sospecha que tuviera Eva, porque era algo que estaba dentro de su experiencia, y así es como suele presentarse. Pero no creo que esa sea la explicación. Le doy otra, que creo que es la verdadera, que es más difícil que esas dos, pero creo que probablemente sea la verdad. Y es que quiero que se dé cuenta de que los animales pueden ser poseídos por poderes sobrenaturales tanto buenos como malos. Quiero que se dé cuenta de eso. El asno de Balán podía hablar porque el Espíritu de Dios se apoderó de ese asno.

Cuando Jesús echó los demonios del endemoniado gadareno, los cerdos se precipitaron por el acantilado al mar y se ahogaron porque los demonios estaban en los cerdos. He tenido contacto personal con un caso en Suiza donde una muchacha poseída fue tratada y liberada. El sonido afuera en el patio de la granja era terrible. Corrieron afuera y encontraron a los cerdos despedazándose unos a otros porque el ministro que liberaba a la persona había dicho: "Ustedes demonios vayan donde el Señor Jesús los envíe", y los envió a los cerdos de nuevo. Tenemos que darnos cuenta de que los poderes sobrenaturales pueden apoderarse de cualquier parte de la existencia natural. Creo que eso es lo que está sucediendo aquí. Creo que *tanto* Satanás *como* un animal estuvieron involucrados. Le diré por qué. Porque algo les pasó a los animales.

¿Sabía que todas las serpientes tienen patas, patas vestigiales, que no pueden utilizar? Los evolucionistas, por supuesto, se divierten mucho con eso. Pero están muy cerca de la verdad. Alguna vez tuvieron patas y se han arrugado; ya no están ahí. Técnicamente se llaman órganos o miembros vestigiales. Creo que el mundo animal estaba involucrado, pero Satanás está utilizando un animal. Por supuesto que lo puede hacer; ve que está dentro de la órbita de Eva. Ella conoce los árboles, conoce los animales, conoce los pájaros. Entonces, Satanás dijo: "¿Qué parte de la creación usaré para llegar a ella?". Y eligió una serpiente.

Vi un cartel en Bristol de un grupo pop llamado *Saints and Sinners* (Santos y Pecadores). Un anuncio de su último álbum —no recuerdo el título, pero es interesante— estaba basado en Génesis 3. Y no es un grupo cristiano. Mostraba la estatua de El Beso, con un hombre y una mujer enroscados uno alrededor del otro, en mármol blanco. Pero algo había sido añadido en la portada de este álbum: una gran serpiente acercándose a ellos. Sabemos que eso está mal. No era una serpiente lo que se les acercó. Era un reptil, pero con patas. Imagine algo más parecido a un lagarto, un lagarto grande, un monitor del Nilo, algo así, y estará más cerca. Pero en casi todas las imágenes de Génesis 3 que he visto, he visto una serpiente, ¿y usted? Para Adán y Eva no era una serpiente. Algo salió mal.

Así que, veámoslo. Significa, por cierto, que Dios no creó serpientes originalmente, por lo cual estoy agradecido. Siento que está bien. Me cuesta pensar que era parte de su idea original, pero ahí está.

CREACIÓN

Ahora bien, habiendo dicho eso, creo que Satanás utilizó un animal. Por lo tanto, podía hacer que el animal hiciera lo que quisiera. Podía expresarse perfectamente a través de eso. Solo subrayo la posibilidad de que poderes sobrenaturales puedan poseer cualquier parte de la creación de Dios. Tenemos que ser conscientes de ello y estar en guardia. Ahora, vayamos al grano. ¿Por qué, entonces, fue por la mujer? Por cierto, antes de ir a eso, puedo señalar, que significa que el mal es personal, no algo sino él, altamente inteligente, y las Escrituras dicen que él puede ganarnos con argumentos cualquier día. Veremos como torció completamente a Eva en su pensamiento con menos de 50 palabras.

Así que aquí está él, inteligente, sutil, brillante; su cerebro es mucho mejor que el mío, capaz de llegar a mí a través de cualquier parte de la creación de Dios, una idea aterradora, a menos que nos aferremos al hecho de que el que está en nosotros es más grande que el que está en el mundo. La única seguridad que tenemos. Nunca encare a Satanás por su cuenta. Es un necio absoluto si lo hace. Puede ver cómo se apodera de la gente aquí. El Nuevo Testamento dice que no ignoramos sus artimañas. Si quiere saber cuáles son sus artimañas, lea sobre ellas en Génesis 3. Hay dos partes de la Biblia que he encontrado que Satanás odia tanto que no puede soportar que la gente las estudie. Génesis 3 es una y Apocalipsis 19 es la otra. En mis cintas de audio hemos tenido interferencia electrónica, voces sobrepuestas a las mías gritando en idiomas extranjeros, borrando lo que he dicho acerca de Satanás. Y hemos recibido quejas de gente que pregunta: "¿Qué hay de malo en esta cinta?". Siempre es cuando estoy exponiendo a Satanás. Por lo tanto, simplemente debemos orar por protección. Estamos en una situación real. No estamos hablando de temas académicos ahora. Él odiará este capítulo. Él odia que yo exponga sus artimañas. Le estoy mostrando como él se apoderará de usted y a él no le gusta eso. Él podría llegar a mi o a usted a través de cualquier parte de la creación de Dios.

Ahora bien, ¿por qué fue por la mujer? Hay tres posibles razones. La primera razón posible es que ella no recibió la palabra de Dios de primera mano; la recibió a través de Adán, su esposo. Satanás pudo haber esperado que, porque ella la recibió de segunda mano, él podría torcerla. Porque su estratagema fue *malinterpretar* la palabra de Dios. Satanás es un gran comentarista de la Biblia. Conoce a fondo su Biblia; no para de citarla. Du papel favorito es el de intérprete de las Escrituras. Por eso es tan sutil, porque escuchamos a alguien interpretar las Escrituras sin darnos cuenta de que lo está haciendo Satanás. Pensamos que cualquiera que da un estudio bíblico sin duda hará algo bueno. Pero yo solo le digo que tiene que estar comprobando todo el tiempo si estas cosas son así. A Satanás le encanta comentar la Palabra de Dios. Así que tal vez fue tras Eva por eso. Pero no creo que esa sea la razón.

Una segunda razón, que es parte de la respuesta, y tengo que ser muy honesto aquí, el Nuevo Testamento llama a las mujeres la "pareja más débil" y es una de las razones por las que Dios nos ha ordenado de la manera que lo ha hecho para que esas debilidades puedan ser cubiertas. Y *hay* algunas debilidades que Satanás puede explotar. Él puede torcer el pensamiento de una mujer; él puede confundir sus emociones; él puede seducir su voluntad si ella está sola. Así es como estamos hechos. Eso es lo que subyace tras la enseñanza de Pablo de que las mujeres lleven sombrero. No trata de inculcar una práctica social. He visto a mujeres con sombreros de Pascua en la iglesia que no estaban ni cerca de la enseñanza de Pablo. El principio de la enseñanza de Pablo es que ella necesita ser cubierta por un hombre por el bien de los poderes sobrenaturales.

Mire la cantidad de sectas que han sido iniciados por mujeres, desde Mary Baker Eddy hasta Madame Blavatsky, Alice Bailey. En cada caso, encontrará que ellas no fueron cubiertas por un hombre que era su cabeza. Esto tiene profundas implicaciones. Mire cuántos médiums espiritistas son mujeres. Estoy tocando

CREACIÓN

temas profundos aquí. Incluso cuestiono si es correcto intentar convertir a una esposa sin su marido. Cuestiono los problemas que se están causando al tomar a las esposas en mañanas de café y ponerlas por delante de sus maridos espiritualmente. Nunca se saldría con la suya con una familia judía. Tendría que ir al hombre si quiere a su mujer. Estoy diciendo cosas muy importantes aquí que vienen directamente de Génesis. Satanás está buscando mujeres descubiertas. Significa que una iglesia tiene que tener mucho cuidado de cubrir a todas sus mujeres solteras con hombres. Hay todo tipo de implicaciones aquí. Satanás sabe lo que está haciendo y nosotros ignoramos las Escrituras a nuestro propio riesgo en esto. Pero no creo que esa sea la razón principal.

La razón principal creo que es que Satanás estaba tratando de alterar el orden de Dios y tratando de que la mujer guiara al hombre. Él sabía que, como ese no era el orden de Dios, podría entrar así. Porque cuando la vida esta ordenada a la manera de Dios, él no puede entrar. Entonces deliberadamente lo invirtió y fue tras la persona errónea, porque para él esa sería la persona correcta. Creo que tenemos que escuchar la palabra "ominoso". No es de extrañar que Dios tenga una preocupación especial por las mujeres indefensas. Por eso las viudas están muy cerca del corazón de Dios, porque no hay hombre que las cubra. Sigo adelante.

Ahora veamos cómo lo hace Satanás. Solo necesita hablar. Lo hace totalmente con palabras. Dios creó el mundo con palabras. Satanás hace la mayor parte de lo que hace por palabras. Él es el espíritu de la discusión. Es el espíritu del diálogo. Es el espíritu del debate. Le encanta comenzar con preguntas. Así que no empieza con un descarado "Eva, voy a hacer que desobedezcas a tu Dios. Voy a convertirte en atea". No; dice: "Ahora Eva, esta mañana vamos a tener una discusión sobre Dios". Suena tan bien. Hay mucho dialogo en este momento, pero a Satanás le encanta. Se está frotando las manos. Le encanta la discusión. Le encanta poner las preguntas correctas y luego ver qué pasa. Esa es su técnica.

Le diré por qué: porque estos son sus artimañas, y lo expongo ahora. Su primer paso es hacer que dudemos con nuestra mente. Su segundo paso es hacer que deseemos con nuestro corazón y su tercer paso es hacer que desobedezcamos con nuestra voluntad. Esa es la manera en que él entra en usted. El primer paso causara que dude de la Palabra de Dios hasta que se pregunte si Dios realmente *es* así. Cuando él tiene esa desconfianza en su mente, deja que el veneno se extienda por todo tu sistema, y no pasará mucho tiempo antes de que desee la cosa prohibida y el deseo se apodere de la duda. Cuando ha dudado en su mente y deseado en su corazón, francamente no puede resistir desobedecer con su voluntad porque sus defensas están todas abajo ahora. En lo que has puesto su mente y su corazón determina lo que hace su voluntad, ¿lo sabía?

Lo que piensa y lo que siente determina lo que hace; siempre. Por lo tanto, Satanás no va tras nuestra voluntad; primero va tras nuestra mente hasta que nos hacemos preguntas donde no deberíamos. Entonces va tras nuestro corazón y, en particular, cuando va tras nuestro corazón, usará nuestros ojos, la parte del cuerpo que más le encanta usar. Porque sabe que lo que se mira se suele desear. Se llama "la codicia de los ojos" en el Nuevo Testamento. La mayor parte de la codicia entra por los ojos, ¿lo sabía?

Una vez prediqué a una gran congregación, la mitad de la cual eran perros, la mayoría labradores. Fue una experiencia única. Era la reunión anual de la fundación *Torch Trust for the Blind* (Fundación Antorcha para Ciegos). Me invitaron a predicar y estos perros se sentaron y me prestaron mucha atención porque yo era el único que se movía o hablaba y todos fijaban sus ojos en mí. Era muy difícil concentrarse en los que no podían verme. ¿Sabe lo que prediqué aquella noche? Prediqué sobre "Es mejor perder un ojo que ir al infierno con la vista". Dije: "Los que han perdido la vista, ¿pueden compadecerse de los que aún podemos ver? La mayoría de nuestros problemas vienen a través de lo

CREACIÓN

que miramos. ¿Quieren orar por nosotros con la carga extra que tenemos los videntes?".

Era la primera vez que pensaban en ello. Había una señora muy querida sentada allí. Tenía 84 años. Había estado amargada toda su vida. No era cristiana. Estaba tan amargada que no podía ver que había quedado torcida y amargada por eso y, por supuesto, Dios no podía entrar. Me escribió... o alguien me habló de ella después y me dijo: "Es la primera vez que me compadezco de los videntes". Su actitud cambió y su amargura desapareció. Volvió a casa en el autobús a Yorkshire con la cara radiante y murió cuatro días después. Pero fue al cielo, con su vista. La primera persona que vio fue Jesús.

No ignoramos sus artimañas. Se lo estoy explicando para que sepa cómo va a llegar a usted. Y odia que lo haga.

Mire ahora la primera fase, la primera pregunta. Veamos cómo se apoderó de su mente y la hizo dudar. No se fije en *lo que* dijo, sino en *cómo* lo dijo. Intente escuchar su tono de voz y mire por qué lo dijo. Es un maestro de la insinuación. ¿Sabe lo que quiero decir con insinuación? Dice algo y quiere decir otra cosa. Sugiere algo. No lo dice, solo lo sugiere. Lo que sugiere es lo que oculta. Eso es lo que pasa con los chismes, ¿se dio cuenta? Hay mucha gente que no se atrevería a decir directamente: "Ella es esto y él es lo otro", sino que simplemente dicen: "Puede que ella tenga esa bonita casa, pero algunos de nosotros sabemos cosas". ¿Me sigue?

La insinuación es del Diablo. Jesús dijo: "Que tu sí sea sí y tu no, no". Que la gente sepa lo que está diciendo. La insinuación no es correcta; es el trabajo mismo del Diablo sugerir, solo sugerir. Mire lo que él sugiere. Dice: "¿Escuché que no se supone que comas ninguna de las frutas de estos árboles de por aquí? Dios te ha dicho que no comas nada de esta hermosa fruta, ¿verdad?".
¡Qué pregunta tan sutil! ¿Sabe lo que está haciendo? Acentúa lo negativo. Está diciendo: "Es miserable vivir con Dios, ¿no? No puedes hacer nada, ¿verdad? Rodeado de 'no harás', miserable. Es un Dios extraño que siempre te prohíbe hacer cosas, ¿no?". Se

apodera de los jóvenes de esta manera, y los convence de que son tan miserables en casa porque no pueden hacer esto y no pueden hacer aquello. Todo es negativo y todo es prohibición, y desvía su atención de todas las cosas que pueden hacer. Estuvo a punto de desviar la atención de Eva de todos los frutos que podía comer solo enfatizando este lado negativo. Al Diablo le encanta decirnos que Dios es un Dios que siempre nos va a estropear la diversión.

A un niño en la escuela le preguntó su maestro: "¿Cómo te llamas?". Y respondió: "Juancito no". Y el maestro dijo: "Ese no puede ser tu nombre". "Bueno", dijo, "así me llama siempre mamá. '¡Juancito, no! ¡Juancito, no!'". Pensó que era su nombre. Tenía la impresión de que vivía en un mundo que era siempre negativo. Recuerdo que un hombre me dijo: "No lograrás que me acerque a la iglesia. Si supieras cómo era el domingo cuando yo era niño. Era miserable. No podía andar en bicicleta y no podía ir a nadar; el domingo era terrible". Le dije: "Espera un momento. ¿Alguna vez saliste a pasear con tus amigos los domingos?". "Sí, era muy divertido". Le dije —conocía el trasfondo—: "¿Cantabas por la noche en casa?". "Sí", dijo, "me gustaba bastante". Empecé a explorar y había un montón de cosas positivas en su domingo de niño de las que se había olvidado completamente porque el Diablo le había convencido de que no podía hacer nada. ¿Sabe lo que quiero decir?

Es una insinuación. Es decir que Dios es un aguafiestas; no quiere que nos divirtamos. Nos está esperando y luego dirá: "Juancito, no lo hagas". Es un gran policía que nos impide hacer lo que queremos. Es una calumnia contra Dios. Pero no lo dice abiertamente, ¿verdad? Solo lo sugiere. "¿Te ha dicho Dios que no toques nada de esta fruta?". Hay tres cosas que podemos hacer con la Palabra de Dios para dañarla. Podemos agregarle algo, podemos quitarle algo o podemos cambiarla. El Diablo hizo las tres cosas aquí, y Eva se unió. Ella trato de defender a Dios y dijo, bueno, no es *exactamente* así. *Podemos* comer bastante; es ese en árbol en el medio, y empezó a mirarlo. Es ese del que no

CREACIÓN

podemos comer. Después de haber dicho que podemos comer el resto, ella está mirando uno, y el resto de la discusión es todo sobre ese. Si Satanás puede hacer que nos fijemos en algo que no podemos hacer y olvidemos las cosas que podemos hacer, nos ha atrapado. Ella dijo que de hecho él les había dicho que si tocaban ese entonces morirían. Dios nunca había dicho eso. Él dijo: "si lo comían", pero ella ya está acentuando lo negativo con Satanás. Ella está hablando su lenguaje ahora. Dijo: "ni siquiera puedes tocarlo", y Dios nunca dijo eso. Dijo: "no lo comas". Pero ella ya está torciendo las Escrituras como él lo hizo. Usted encontrará que ambos añadieron a la Palabra de Dios, quitaron de la Palabra de Dios y cambiaron la Palabra de Dios. Para cuando han hecho esas tres cosas, no les queda mucho del significado original. Uno escucha cuidadosamente a los llamados maestros de la Biblia y si lo encuentra añadiendo, quitando o cambiando, sabe que Satanás está tomando control. Es a aquellos que lo toman y lo dicen tal como es que tiene que escuchar.

Vayamos un poco más lejos; esa era su pregunta. ¿Nota, por cierto, que se negó a usar el nombre de Dios? Dijo: "tengamos una discusión acerca de Dios" y ya Adán y Eva sabían que él era el SEÑOR Dios o, como le dije en el último capítulo, el nombre que es traducido o simplemente cambiado por Señor en letras mayúsculas en su Biblia es el nombre Yo Soy, o el Dios Que Es, el Dios Que Realmente Es. Significa el Dios como es, ese es su nombre. Él dice: "Yo soy el Dios Yo Soy y no tuerzas nada, solo hay un Dios y es el que *Yo* Soy". ¿Lo está entendiendo? No es de extrañar que Satanás no use ese nombre porque quiere plantar un concepto diferente de Dios. Él no va por el ateísmo; él va por la mala teología. No intenta que dejemos de creer en Dios, sino que creamos en otro tipo de Dios. Es mucho más sutil, mucho más inteligente. Porque, ¿quién quiere ser ateo? Muy, muy pocos. Un hombre dijo: "Soy ateo, gracias a Dios". Yo estaba teniendo un debate en Guildford en la universidad con un profesor ateo de la educación. Él era judío, pero era ateo y abiertamente. Tuvimos un debate y estaba lleno de estudiantes. Todos los comunistas estaban allí. Fue un momento tremendo. Él habló primero y esta fue su última frase: "Soy un humanista. Creo que el hombre debe resolver todos sus propios problemas y si no lo hace entonces que Dios nos ayude". El lugar se vino abajo y se rieron y vitorearon y dijo: "¿Qué he dicho? ¿Qué he dicho?" Me levanté y dije: "Mi texto es 'Que Dios nos ayude'". Y seguí a partir de ahí. Los ateos siempre se defraudan a sí mismos porque la parte central de la palabra *ateo* significa Dios, ¿lo sabía? *A-Theos*. Un ateo escribió en una pizarra para su sermón: "Dios no está en ninguna parte". Y dijo: "Ahora léeme eso". Y el niño leyó: "Dios está ahora aquí"[1]. No podía manejar grandes palabras.

No, en serio, el Diablo no trata de persuadirlo para que sea ateo. Lo que hace es darle una imagen sentimental y sensiblera de Dios que no es el Dios Que Realmente Es. Así es como lo hace. Lo suaviza para que pensemos: "Oh bueno, Dios no haría eso". Ahora que Satanás se da cuenta de que Eva ya está hablando su idioma, ya está pensando sus pensamientos, ya está pensando en lo negativo, ya está pensando que Dios es un aguafiestas, ahora cambia las preguntas por afirmaciones, y entra con fuerza. Dice: "¿De verdad crees que Dios te mataría por tocar eso? Vamos, mira, Dios es una buena persona. Te ha dado todos estos hermosos árboles. Es amable". ¿Sabe que Satanás ha persuadido a la gran mayoría de la gente de su ciudad de que Dios no es el tipo de Dios que enviaría a alguien al infierno? Por eso están perfectamente contentos de leer todo tipo de artículos sensacionalistas en los periódicos dominicales sobre luces al final de túneles que la gente ha visto en medio de operaciones. ¿Conoce ese tipo de cosas? Y todo era dulzura y luz y estaban flotando y mirando hacia abajo en su cuerpo. Si algo es del Diablo es ese tipo de cosas; ni una palabra de juicio en ella. ¿Se dio cuenta? La Biblia dice que está

---

[1] Nota del traductor: juego de palabras en inglés entre *nowhere* (en ninguna parte) y *now here* (ahora aquí).

CREACIÓN

establecido para el hombre que muera una sola vez y después el juicio. Pero todas estas historias de experiencias así, ni una palabra de juicio. Ningún médium espiritista menciona jamás el Día del Juicio. Es todo jardines y cigarros y lo demás. Satanás dice que Dios no es así. Él no lo castigaría. No es esa clase de Dios. Yo le digo que esa es la razón porque la mayoría de los predicadores en este país nunca predican sobre el infierno porque realmente no creen en eso. Satanás los ha engañado diciéndoles que Dios es demasiado bondadoso para enviar a alguien al castigo eterno. Pero quiero decirle esto: la única persona que nos habló del infierno fue Jesús mismo. Dios no confiaría una verdad tan terrible a nadie más que a Jesús, que es la Verdad. Todo el conocimiento que tengo sobre el infierno vino directamente de los labios de Jesús. Satanás ha persuadido a la mayoría de los *cristianos* de este país de que Dios es demasiado bondadoso para hacer eso, ¡y es mentira! Dios es un Dios santo y quiere bendecirnos, pero no con condiciones inmorales. Entonces, Satanás dice que Dios no es realmente así. Inmediatamente se da cuenta de que las preguntas surgirían en la mente de Eva: ¿por qué prohibió eso? ¿Cuál fue su motivación? ¿Qué había detrás de ello? Así que Satanás, para que ella no pregunte, se apresura con una explicación. Dice que en realidad nos tiene un poco de miedo. Teme que nos convirtamos en un rival. En realidad, es una persona bastante celosa, quiere mantener su autoridad para sí mismo y sabe perfectamente que si obtenemos el tipo de experiencia que nos dará el árbol, podríamos convertirnos en Dios. Podríamos tomar el control. Podríamos vivir sin él. Podríamos ser como él. Podríamos ser el propietario de la tierra, no el inquilino. Yo te ofrezco autonomía, independencia.

Así es como se apodera de los jóvenes una y otra vez. Porque dicen: "viviendo en casa no puedes hacer nada" o "yendo a la iglesia no puedes hacer nada, siempre te están diciendo lo que no debes hacer, así que voy a tener mi independencia. Voy a tener mi autonomía; voy a decidir lo que es bueno y malo para mí.

Satanás expuesto

Voy a experimentar el bien y el mal por mí mismo y descubrir si es realmente así". Es la misma historia de siempre, y hay un atractivo muy sutil. No solo Satanás nos sugiere que seríamos *como* Dios, sino que también nos sugiere que *podríamos* serlo. No solo un ser humano; podría ser divino. El filósofo Nietzsche, quien le dio a Hitler todas sus ideas, dijo: "si los dioses existen, entonces ¿cómo podría soportar no ser uno de ellos?". Hay en el corazón humano un deseo de ser dios de su propia vida, de ser su propio jefe, de estar a cargo de sus propios asuntos, de ser el señor. No alguien por debajo de otro, no un siervo, sino ser el jefe.

Hay algo en todos nosotros. Sale supremamente en la naturaleza judía. Dicen que si dos judíos estuvieran en una isla desierta se construirían tres sinagogas, una para uno y otra para el otro, y otra en la que a ninguno de los dos se le vería muerto. Es algo cínico. Dicen que dos judíos, tres opiniones. El pueblo judío, cuando se rebeló contra Dios se convirtió en uno de los pueblos más independientes del mundo. Cada hombre quiere su propio negocio; quiere ser jefe; quiere dirigir su propia vida. Aunque pierda en vez de ganar, está bien. Al menos es su propio jefe. Hay algo en todos nosotros que quiere esa independencia, esa autonomía, y Satanás simplemente se cuela. "Podrías ser como Dios y podrías tomar tus propias decisiones en cuanto a si esto es bueno o malo para ti. ¿Qué te parece?".

Ahora ve lo que está haciendo. Está pasando de la duda en la mente al deseo en el corazón. Está tocando el orgullo y la avaricia. Luego simplemente se sienta y dice: "Ahora mira esto". Y no dice nada más. Ha dicho 50 palabras. Se las he dado muy brevemente en cuanto a lo que estaba insinuando. Ahora espera y observa a Eva. Ella sigue mirando ese árbol y lo quiere. Sus ojos son capturados. "El ojo es la lámpara del cuerpo", dijo Jesús. Normalmente pensamos que eso significa que lo que está dentro brilla hacia fuera, y así es. Si está feliz o triste, sale de sus ojos; si está cansado, o lo que sea. Pero él quiere decir que el ojo es la lámpara del interior y que lo que entra por ahí determina si nuestro cuerpo está lleno de luz u oscuridad. Por lo tanto, si tiene mal de ojo, todo su cuerpo estará en oscuridad.

Es interesante que muchas supersticiones se centren en el mal de ojo. ¿Se dio cuenta? Pero el mal de ojo es el que está justo aquí. Eva miró ese árbol y dijo: "Se ve bien. Apuesto a que sabe bien. Y si da independencia, me gustaría". Ella lo tomó y se lo comió. Satanás no tuvo que hacer otra cosa. Lo hizo todo ella misma. Incluso lo tomó. Si alguna vez ve fotos de Satanás ofreciéndoles una manzana, olvídelo. No tuvo que hacerlo. No necesita hacer el trabajo sucio. Él solo nos deja que nos metamos en el lío.

Luego se la llevó a su marido. No sé si ella le dio los argumentos de Satanás, pero él simplemente lo tomó y se lo comió. Ni siquiera opuso resistencia. Si Eva cayó primero, Adán cayó peor. Estuve especulando, ¿por qué arrastró a Adán? Pensé que solo había dos razones posibles. Consideré primero que era porque ella se sentía bien. Se sentía una mujer liberada y quería que él también disfrutara de la experiencia. Pensé, ¿por eso corrió a él y le dijo: "Oye, prueba esto"? Luego pensé, no, creo que podría ser porque se sentía mal. Y de repente me di cuenta de que cuando nos sentimos mal, queremos arrastrar a todos los demás a nuestro nivel. Necesitamos un cómplice, porque el pecado nos hace sentir muy solos y lo que nos reconforta es poder decir: "Bueno, yo no soy peor que nadie, todos estamos en esto".

Lo he visto en las ceremonias de iniciación de aprendiz en la fábrica. ¿Qué pasa? Cuando los hombres se sienten mal, arrastran a todos a su nivel para que los reconforte. Hay una soledad del pecado. Uno está tan solo que quiere cómplices, y si puede conseguir una pandilla a su alrededor, si puede meter a alguien más en el mismo lío, lo ayuda, ¿no? Porque los tiene a su nivel. Creo que Eva necesitaba un cómplice. Estaba desesperadamente sola. Ella lo había tomado y se sentía mal, y pensó: "Mi marido, debo tenerlo en esto también. Necesito un cómplice." ¿Eso tiene sentido para usted? Porque ve que sucede por todas partes. La gente que se ha vuelto malvada tiene que seducir a otros y

Satanás expuesto

corromper a otros. No pueden guardarlo para sí mismos, tienen que difundirlo para tratar de consolar su propia conciencia y poder decir: "Oh, bueno, todo el mundo es como yo y no es realmente malo". Eso es lo que ella dijo.

Después de que ambos habían comido, sus ojos se abrieron y la mentira de Satanás era una verdad a medias. ¿Ha notado que Satanás no trata con mentiras, sino con verdades a medias? Ellos se vieron el uno al otro, y ¿saben lo que sucedió? Ya no eran una sola carne; eran dos carnes y estaban avergonzados. Hasta entonces se habían mirado el uno al cuerpo del otro y solo habían visto la otra mitad del suyo. Ahora veían algo diferente. Ahora sentían: "Hay algo de mí que quiero ocultarte". Eso es lo que el pecado hace a todos los matrimonios. Esa es una de las cosas que el Diablo busca en el matrimonio. Si él puede meter el pecado, el hará a las personas dos de nuevo y el orden de Dios se rompe. Hay algo que tiene que ser escondido, hay algo que es vergonzoso compartir. Entonces tiramos nuestras hojas de higuera sobre ello. ¿Ha visto alguna vez hojas de higuera? Son las cosas más tontas para tratar de hacer ropa. Un poco como una hoja de sicomoro o una hoja de roble crecida. ¿Se imagina coserlas y cubrirse? Estaría lleno de agujeros, y así fue. Dios dijo que tenía que hacer algo al respecto más tarde, pero aquí estaban desesperadamente tratando de cubrirse el uno del otro. Nunca se habían ocultado nada el uno al otro, pero ahora se veían de otra manera. Cuando vemos a la gente a través de los ojos del pecado los vemos con sospecha y nos preguntamos si explotarán nuestra vulnerabilidad y nuestra desnudez expuesta. Ya no puede permitirse ser transparente. Esto tiene sentido, ¿verdad? Nos ha pasado a todos en nuestra vida matrimonial, porque no existe un matrimonio perfecto. No hay matrimonio que Satanás no haya tocado de alguna manera. Usted sabe que sucede. Las excusas, los encubrimientos, las hojas de higuera que tomamos. Es patético, porque está lleno de agujeros. Siempre está lleno de agujeros, pero como ambos están tratando de cubrirse llenos de agujeros, solo termina en una gran vergüenza.

Esto fue incluso antes de que Dios entrara en escena. Sus ojos estaban abiertos, veían las cosas de otra manera, pero no veían las cosas como Dios las veía. Ahora veían el bien y el mal, ¡sí!, pero la diferencia era que no eran como Dios, porque Dios ve el bien desde dentro y el mal desde fuera. Pero ahora veían el mal desde dentro y el bien desde fuera. ¿Me sigue en eso? Una persona buena puede ver el mal desde fuera y conocer ambos, pero una persona mala solo puede ver el bien desde fuera. ¿Me sigue? Uno es conocimiento de primera mano; el otro es conocimiento de segunda mano. Como dije en el capítulo anterior, cuando hemos perdido la inocencia, no podemos volver a ver la castidad o la pureza desde dentro. Ahora la ve desde fuera.

Por eso Pablo, escribiendo a algunos cristianos, dice que quiere que sean bebés en el mal, inocentes, que no lo conozcan desde dentro. Es cierto que no podemos caminar por este mundo sin conocerlo desde afuera. Es imposible. Pero no es de eso de lo que estamos hablando aquí. Dios conoce el mal desde fuera, pero nunca lo ha conocido desde dentro. Nunca ha sabido lo que es mentir, ¡nunca! Pero no hay persona que lea esto que no conozca la mentira desde dentro. Porque aprendió a hacerlo cuando era pequeño. Aprendió a decir no antes de aprender a decir sí, y por eso me temo que ninguno de nosotros conoce la bondad desde dentro como Dios y ninguno de nosotros conoce el mal desde fuera como Dios. Entonces, somos como Dios —conocemos el bien y el mal— pero no lo somos. Satanás lo prometió y no sucedió, y me temo que nos ha atrapado cuando nos ha atrapado allí.

Esa es la primera mitad del capítulo.

Intentaré abordar la segunda mitad del capítulo más rápidamente. Era la primera mitad sobre la que quería extenderme porque quiero que sepa cómo opera Satanás. ¿Ha reconocido muy claramente cómo opera Satanás a partir de su propia experiencia tal como lo he explicado? ¿Se dio cuenta? Es aterrador, ¿verdad? O lo sería si no fuera por Dios.

Satanás expuesto

Ahora veamos lo que ocurre en la segunda mitad del capítulo, cuando Dios vuelve a entrar en escena y la serpiente pasa a un segundo plano. Si hacemos el mal, tenemos que enfrentarnos a dos cosas, las consecuencias y el castigo, que son dos cosas diferentes. Si robo unas manzanas del huerto de alguien y me las como detrás del muro, es probable que sufra las consecuencias de dolor de barriga, pero el castigo sería unos azotes. ¿Entiende la diferencia? Las consecuencias se producen automáticamente, la pena se añade y se aplica personalmente. Es muy importante comprender que el perdón no elimina las consecuencias del pecado, pero sí la pena. Necesitamos hablar muy francamente aquí porque usted puede haber hecho cosas en pecado cuyas consecuencias sufrirá el resto de su vida. La pena puede ser quitada por el perdón, pero no las consecuencias. Cuando el hijo prodigo volvió a casa, se había gastado todo su dinero. La consecuencia fue que nunca lo recuperó porque todo el dinero del padre ahora le pertenecía al otro hermano. Pero la pena de perder la relación con su padre, eso fue perdonado.

Así, cuando Dios perdona, no quita todas las consecuencias. Si está muy endeudado, ser perdonado no borra su deuda; es una consecuencia de lo que ha hecho. Si se casó antes de ser cristiano, ser perdonado no lo libera de ese matrimonio y de repente le da un cheque en blanco para casarse con otra persona. Eso es una consecuencia de su vida anterior, pero la pena de ello, eso se quita. La pena también es añadida. La consecuencia de su pecado fue que estaban avergonzados, asustados, culpables, separados. Pero esa no era la pena, porque el juicio aún no había tenido lugar y, cuando Dios entró en el jardín, empezó a hacer preguntas. Dios empezó de la misma manera que empezó Satanás, con preguntas. Yo solía pensar que Dios debía de ser un ignorante o había estado ausente cuando dijo: "Adán, ¿dónde estás?". Hasta que me di cuenta de que esas preguntas son judiciales y no existenciales.

Déjeme que se lo explique. En un juicio, los abogados se levantan e interrogan a los testigos. Ahora bien, el abogado puede saber perfectamente cuál va a ser la respuesta, pero tiene que sacarla a relucir en el juicio, ¿me sigue? Lo sabe, pero hace la pregunta para que se haga justicia y se vea que se hace. Por eso, cuando Dios dijo: "Adán, ¿dónde te has metido?", no es que Dios no sepa perfectamente que Adán está entre los arbustos con Eva, y ni siquiera está en el mismo arbusto que ella, porque se están escondiendo el uno del otro, al igual que él. Cuando Dios pregunta dónde estamos, no debemos pensar que es un ignorante o que ha estado ausente. No, Dios está diciendo: "Adán, ¿dónde te has metido? Dímelo". Les está dando la oportunidad de confesar, y el curso de la historia del mundo podría haber sido diferente si Adán se hubiera atrevido a decir una palabra: "Perdón". Es la palabra más difícil de decir. ¿Se dio cuenta de que cuesta que salga? Es una palabra muy difícil de decir. Perdón. Somos tan buenos justificándonos. Lo que hacemos es intentar declarar que teníamos razón. Eso es lo que significa *justificar*. Intentamos justificar lo que hemos hecho diciendo que no ha sido culpa mía, que no es nuestra responsabilidad.

Mire lo que hicieron Adán, Eva y la serpiente. Todos se pasaron la pelota, o la culpa. Adán dijo: "Señor, todo es culpa de esa mujer que tú enviaste". ¿Quién está insinuando cosas ahora? La palabra clave ahí es "tú". "Señor, si nunca me la hubieras dado no habría sucedido". No es así como él habló cuando ella apareció. Dijo: "¡Es esto!" Ahora está diciendo: "Si tú no hubieras pensado eso". No solo está tratando de culpar a la mujer sino está tratando de culpar a Dios. Pero eso es inherente; la naturaleza humana siempre trata de culpar al Creador, ¿se dio cuenta? La naturaleza humana siempre está tratando de culpar a Dios por las guerras, diciendo: "¿Por qué permitió que sucediera?", como si fuera *su* culpa, que *él* le dijo a la gente que fuera a la guerra. Toda la Biblia se basa en las dos ideas de responsabilidad y retribución. Alabado sea Dios por haber añadido una tercera idea: redención. Pero solo la *añade* a las otras dos; no anula las otras dos cuando añade ésta. Es su manera de abordar la situación. Nunca evita los principios de responsabilidad y retribución, de lo contrario la cruz no tendría ningún sentido. No había necesidad de que Jesús muriera si el único objetivo de Dios era reformarnos. Alguien tenía que sufrir lo que merecíamos antes de que Dios pudiera redimirnos, de modo que, si no aceptamos la responsabilidad y la retribución, no le daremos ningún sentido a la muerte de Jesús en la cruz. Lo verá como el triste asesinato de un hombre bueno, como Martin Luther King, y eso es todo. Pero la cruz surge de lo que estamos hablando ahora. Por eso se lee entre los villancicos. Ahora escuche las sentencias de los tres. Este es el Dios Que Realmente Es, y el Dios Que Realmente Es es un Dios que maldice al igual que bendice. Nunca tenga la idea de que solo bendice. La palabra para maldición en las Escrituras es *ay, ay*. Esa palabra no significa mucho para nosotros, excepto cuando un padre señala a un hijo y le dice: "Ay de ti si...". ¿Ha oído decir eso? Pues bien, Dios dice: "Ay de ti", y esa es su maldición. Encontrará que Jesús dijo "ay" tantas veces como dijo "bendito". Pero les garantizo que han escuchado sermón tras sermón sobre los bendecidos, sobre las Bienaventuranzas —sobre "las actitudes hermosas" como las llama Billy Graham— y casi no ha escuchado sermones sobre los ayes, ¿verdad? Ha oído sermones sobre "bienaventurados los pobres", pero Jesús añadió inmediatamente "ay de ustedes, ricos". "Bienaventurados los que lloran", ha oído sermones sobre eso, pero ¿ha oído sermones sobre el siguiente versículo, "ay de ustedes que ríen"?

Los ayes no son muy populares. Jesús dijo: "Ay de ti si te gusta vestirte con túnicas en la iglesia". Ojalá la mitad del clero en Gran Bretaña pudiera escuchar ese "ay". Pero nunca se predica. "Ay de ti si te gusta el asiento principal en la sinagoga, ¡ay!". Cuando Dios dice "ay", hay una maldición. Él maldice en este capítulo, y está tan lleno de emoción que lo pone en poesía. Le dije que, cuando Dios hace poesía, es su corazón el que habla. A veces su corazón está hablando con gran ternura y es un poema de amor.

CREACIÓN

Otras veces está hablando una maldición, pero lo hace en poesía porque lo está haciendo con profunda, profunda emoción. La primera maldición es sobre la serpiente, a la que maldice y le dice: "A partir de ahora serás más baja que los animales. También voy a poner tal hostilidad entre los seres humanos y tú que durará por el resto de la historia hasta que un día recibas un golpe mortal de un ser humano". Ahora está hablando tanto a la serpiente como a Satanás; están juntos en esto. Como he dicho, el resultado es que cada descendiente de ese animal tiene miembros vestigiales.

Ahora bien, eso no significa que Satanás esté ahora en cada serpiente, sino que cada animal descendiente de ese original lleva las marcas de esa maldición original, igual que cada burro tiene una cruz en el lomo, el animal en el que Jesús solía montar el Domingo de Ramos. Casi parece como si Dios dejara marcas en la naturaleza de lo que ocurrió en algún momento para recordárnoslo. Por eso puso un arco iris en el cielo, para recordárnoslo. Utiliza la naturaleza de esta manera. A Satanás le dice: "Esta hostilidad entre la mujer y tú durará hasta que un descendiente varón de ella ponga su pie sobre tu cabeza y te aplaste el cráneo mientras intentas golpearle el talón". Este es el versículo más asombroso de Génesis 3, ¿verdad? Que un día, de esa mujer —ya dentro de sus genes— había una semilla masculina. No dijo de Adán, sino de la mujer, y en el tiempo de Navidad, una mujer tuvo una semilla masculina que 33 años después dijo: "Ahora será enfrentado el príncipe de este mundo".

Satanás golpeó en su talón, pero Jesús puso su pie en el cráneo de Satanás. Todo fue prometido en la maldición de Satanás al principio. Incluso veo algo más que esto. Jesús dijo: "Tu semilla masculina mujer, y la tuya, serpiente, finalmente se enfrentarán". Veo a Cristo y al Anticristo en eso. Ese será el último intento desesperado de Satanás para obtener este mundo, enviar un Anticristo, y Cristo se ocupará de él y todo habrá terminado. Satanás odia que hablemos de su caída. Lo odia. Está dando patadas.

Para la mujer, la maldición no era la menstruación. Sé que a eso se le ha llamado maldición. Creo que deberían tener cuidado, señoras, con el uso de ese término. La maldición tenía que ver con el nacimiento, y era que su mayor alegría física sería tener un hombre y el mayor dolor y lucha que tendría sería el resultado de ello. Dijo: "Serás atrapada así. Querrás a ese hombre, tu deseo será para él, y sin embargo el precio de ello será que él te dominará". La dominación mencionada aquí es parte de la maldición, no es parte del orden de Dios. Dios no llamó a los hombres a ser dictadores y a abusar y explotar y dominar a sus esposas, pero Dios dijo: "Eso es lo que la Caída hará". Puede verlo en casa tras casa. Solo por la gracia de Dios podemos redimir eso y hacerlo bien de nuevo. Esa es la maldición. ¿Ve cómo pone en tensión a la mujer?

¿Y el hombre? "Para ti, con el sudor de tu frente te ganarás la vida. Querrás trabajar y, sin embargo, no querrás. Será duro, difícil. Será una lucha. Y casi parecerá que la naturaleza está en tu contra: espinas y cardos". ¿Ha visto alguna vez las espinas y los cardos de Oriente Próximo? No ha visto espinas ni cardos hasta que haya estado allí y haya visto espinas en los setos de unos cinco o seis centímetros de largo. ¿Ha visto coronas de espinas hechas de esas? Espinas enormes. Y los cardos, de 3, 4, 5 metros de altura creciendo tan gruesos que una oveja puede quedar atrapada en ellos. Usted no ha visto espinas y cardos hasta que haya estado allí. Y va a tener que lidiar con ellos. ¿No es la jardinería una batalla constante contra las malas hierbas?

Estamos bastante cómodos aquí, pero la maldición es que toda la raza humana luchará por conseguir suficiente comida para sobrevivir. Parecerá como si la naturaleza no cooperará y eso ha sido nuestra vida. Entonces dijo: "Adán, no vas a quedarte en este jardín donde solo arrancas la fruta de los árboles. No, ahora vas a tener que trabajar para ganarte la vida. Vuelve a esa misma parcela de tierra y lucha con ella hasta que te hundas en ella y vuelvas al lugar de donde viniste".

Recuerdo estar parado ante la tumba de Winston Churchill en el

CREACIÓN

pequeño pueblo de Bladon y pensar que justo debajo de esa lápida hay un cadáver putrefacto y apestoso de un niño que solía correr por este camino y al que trajeron a esta iglesia para bautizarlo. Está donde empezó, hecho polvo. La vida es un carrusel. Nos bajamos donde nos subimos y hemos perdido nuestro dinero. Esa es la maldición. Es una imagen terrible, pero Dios estaba tratando con toda la situación. Tenía que hacerlo porque es un Dios moral. Él les había dicho que lo haría. Y Dios —a diferencia de la idea de Satanás— Dios quiso decir lo que dijo. Él *quiere decir* lo que dice, y somos tontos completos si no tomamos en serio lo que Dios nos dice. Cualquiera que intente añadir algo a esta Palabra o quitarle algo o cambiarla descubrirá lo equivocado que está cuando se dé cuenta de que Dios nunca dice nada que no quiera decir. Y lo han descubierto por las malas.

Ahora bien, ese podría ser el final de la historia, y sería un final bastante triste. Piense en las nuevas palabras que han aparecido en Génesis 3 que no estaban en Génesis 2 ni en Génesis 1. Esta es la lista de palabras nuevas: dolor, miedo, tristeza, muerte. Menudo vocabulario. Ninguna de esas palabras tenía por qué estar en nuestro idioma. Son el lenguaje del pecado; son el vocabulario de la desobediencia. Nunca tendrían que haber existido.

Para terminar, veamos lo que hizo Adán y lo que hizo Dios. Adán se dio cuenta de algo extraordinario en la maldición. Yo no creo había caído en la cuenta de que él y Eva iban a tener hijos. Ya le dije que el sexo era principalmente para el compañerismo. Solo eran marido y mujer juntos y disfrutando el uno del otro. Pero cuando Dios maldijo a Eva con el dolor de tener hijos, Adán debió pensar, vamos a ser como los animales; vamos a tener hijos. "Eva, ¿te das cuenta de que vas a ser la madre de todos los seres humanos vivos?". Así que la llamó Eva, que significa vivificante o animada. Le dio ese nombre, pero al hacerlo ejerció su dominio sobre ella. Creo que incluso en la maldición oyó algo a lo que respondió. Pero mire lo que hizo Dios. Dios dijo: "Quita esas hojas de higuera" y mató unos animales, la primera vez que se habían sacrificado animales en la historia, aparte de la muerte natural. Dios mató algunos animales y trajo unos abrigos de piel para ambos, y dijo: "Pónganselos".

Incluso mientras los juzgaba, incluso mientras los sentenciaba a muerte, incluso mientras los maldecía, hay algo en Dios que dice: "No puedo soportar verlos así". "En la ira, acuérdate de la misericordia". Dios está diciendo que solo puede cubrirnos apropiadamente cuando la vida de sangre inocente ha sido tomada; ese es su principio. Esa era la única manera en que podía hacerles entender seriamente que si iban a cubrir la culpa y la vergüenza tenían que tomarlo tan en serio que debía haber un sacrificio de vida inocente. Todo eso conduce directamente a la cruz, ¿no es así? Entonces Dios dijo: "Lo único que no puedo hacer es dejarte vivir para siempre, no ahora. Si te dejo vivir para siempre, arruinarías mi universo para siempre". Así que Dios les ordenó que salieran de este jardín. "No puedo dejar que toquen ese otro árbol ahora, el árbol que puse ahí para mantenerlos vivos, el árbol que les daría vida eterna, no puedo dejar que lo tengan ahora". Los echó fuera y puso ángeles con espadas encendidas para mantenerlos lejos.

El Edén ha desaparecido porque Dios lo plantó como un parque que había que labrar y cultivar. Necesitaba ser cuidado y puso a Adán para que lo cuidara, pero sin Adán para cuidarlo, simplemente revirtió a la naturaleza, volvió al estado de todo el resto de la tierra, y ahora ha desaparecido y no se puede encontrar. Puede buscar en toda esa zona de Armenia y simplemente no puede encontrar ningún rastro. Los dos árboles han desaparecido, el parque ha desaparecido. Fue trasplantado. Usted lo habría reconocido así, pero ahora es igual que en todas partes, ha vuelto a lo natural y ha desaparecido. El Edén ya no existe, el Paraíso se ha perdido.

Ahora, en conclusión, permítame decir esta cosa final. ¿Cómo afecta todo esto al resto de nosotros? Hay una respuesta judía y una respuesta cristiana, y son bastante diferentes. El rabino

CREACIÓN

judío le dirá lo siguiente: Adán es todos los hombres. Esto no es una verdad histórica sino una verdad existencial, una verdad psicológica. Es una historia con moraleja. No sucedió realmente, pero es lo que nos sucede. Esa es la línea oficial judía. Un gran filósofo llamado Martin Buber es uno de los judíos que primero nos enseñó a pensar en ello como una especie de mito existencial. Por lo tanto, dicen que esta es la historia de la vida de cada hombre y mujer. Llegamos a la vida como un bebé inocente y nos enfrentamos a una elección. Podemos ir por el buen camino o por el mal camino; es nuestra elección. Somos libres de tomarla y, si tomamos la decisión correcta, seremos un buen hombre y, si tomamos la decisión equivocada, seremos un mal hombre, pero depende de nosotros.

Esa es la enseñanza judía. Suena muy convincente y muchos predicadores cristianos siguen esa línea con Génesis 3 también y lo tratan como un mito, pero está lleno de verdad sobre cada uno de nosotros. Ciertamente, puedo identificarme con muchas cosas de este capítulo. Hay una cosa con la que no puedo identificarme: que empezaron siendo inocentes.

La interpretación *cristiana* de esta historia en el Nuevo Testamento es que Génesis 3 nunca volvió a ocurrir porque ese fue el principio y no ha habido otro principio. Incluso en el Antiguo Testamento hay indicios. El rey David, cuando pecó y mató al marido de Betsabé, o hizo que lo asesinaran y luego tomó a Betsabé. Eso fue algo terrible. Asesinó, cometió adulterio, codició, robó, todo en un solo acto. Cuando se dio cuenta de lo equivocado que había estado, dijo: "En pecado me concibió mi madre" (Salmo 51). No quiso decir que el sexo es pecado. No quiso decir eso. Sino: "He sido malo desde el momento de mi concepción", y esa es la verdad. Jesús nos dijo: "Si ustedes, *siendo malos*, saben dar buenos regalos a sus hijos...". Siendo malos, esa era la opinión de Jesús sobre la naturaleza humana. No nacemos inocentes. Podemos ver a un bebé en un cochecito, pero ese bebé no es inocente. Un padre me dijo: "El problema de tener bebés es que vemos nuestros propios defectos desarrollándose en ellos". Me temo que sé que he transmitido el pecado a mis tres hijos. Es muy perturbador darnos cuenta de que lo hemos transmitido con nuestros genes porque Adán lo transmitió con los suyos. La verdad es que no somos "cada hombre". Cada hombre no es su propio Adán. No empezamos siendo inocentes y luego tomamos una decisión. No somos libres de hacer esa elección. No empezamos con inocencia. *Todos* tenemos malos pensamientos. Nunca hay que enseñar a un niño a mentir sino hay que enseñarle a decir la verdad, ¿verdad? Nunca hay que enseñar a un niño a ser travieso, solo a ser bueno. Nunca hay que enseñar a un niño a ser grosero, solo a ser cortés. Nunca tiene que enseñar a un niño a pecar, solo a ser correcto. ¿Por qué? ¿Por qué estamos *todos* en esto ahora? ¿Por qué no hay una sola excepción? ¿Por qué ningún hombre puede venir a mí y decirme: "Elegí no comer del fruto de ese árbol y estoy bien"? No hay ningún hombre o mujer que pueda decirlo, así que ¿cuál es la explicación para el hecho de que ninguno de nosotros haya sido capaz de hacer la elección correcta desde entonces sin ninguna excepción?

La respuesta es que nuestro destino estaba en ese único hombre, y esa es una verdad desagradable. Me gustaría sentir que no tengo nada que ver con mi bisabuelo. Me gustaría sentir que empiezo de cero, pero no es así. Una señora de Cornualles investigó nuestro árbol genealógico hasta 1465 más o menos. Encontró una descripción de alguien llamado Pawson del siglo XV y me la envió. Era alarmante. Describía mi pelo, mi piel, mi temperamento. No voy a entrar en detalles, pero era extraño. Leí eso y dije: ¡ese soy yo! Soy un Pawson. Alguien en el siglo XV era como yo. Todos los problemas temperamentales que tengo, él los tenía. Y yo los heredé de él. Es estremecedor.

Un estadounidense vino a Lancashire cuando mi esposa y yo vivíamos allí. Había ahorrado toda su vida para venir a visitar su lugar de nacimiento y cuando se jubiló gastó sus ahorros en un billete de avión. Llegó a Manchester, tenía su partida de

CREACIÓN

nacimiento y en ella figuraba la dirección en la que había nacido, el número 1 de Southall Street, Manchester. Encontró el lugar, que era la prisión de Strangeways, y descubrió que su madre había estado en la cárcel, pero que habían puesto esa dirección en la partida de nacimiento. Gastó todos los ahorros de su vida para descubrir eso.

En Adán todos los hombres mueren. Hay algo que Adán hizo que adquirió y transmitió en sus genes. Creo que la Biblia dice que eso se puede adquirir y transmitir en los genes. Ahí estoy de acuerdo con el evolucionista, o con una de las cosas que dice. Lo ha transmitido y estamos todos en el mismo barco. No hay ninguno de nosotros que haya empezado inocente. Me temo que tomamos el comer del árbol del bien y del mal tan naturalmente como un pato al agua. ¿No es verdad? Tan pronto como pudimos lo probamos. Tan pronto como alguien nos dijo que no lo tocáramos, lo tocamos. Tan pronto como alguien le pone un certificado X, queremos verlo. Tan pronto como nos dijeron: "¡Juancito no!", lo hicimos. Porque un hombre decidió nuestro destino.

La gente dice: "Eso me molesta. ¿Por qué un hombre debe echarme todo eso encima?". Puede que lo resienta, pero ahora déjeme contarle otra faceta que le hará alegrarse de que eso haya sucedido, porque el destino de la raza humana está en manos de dos hombres. Hubo un segundo Adán. "Así como en Adán todos mueren, también en Cristo todos serán vivificados". Le digo que ésta es la base de toda la Biblia: que en esta raza humana vino un hombre nuevo con inocencia que conservó toda la vida. Se negó a comer el fruto que se le había prohibido comer, y trajo un hombre nuevo a la raza humana, un hombre que llegó hasta el final de su vida sin tener que pedir perdón. Ese es Jesús. Vino un segundo Adán a la lucha y al rescate. El resto de la Biblia se basa en eso. Asume que un hombre puede hacer algo por el resto de nosotros. Y si un hombre pudo meternos a todos en ese lío, un hombre puede sacarnos a todos de él. ¡Ese es el evangelio!

Vea lo que se abre ahora que ha venido con su cabeza en las mismas espinas que eran la maldición. Viene y vive una vida obediente. Y le dice a un terrorista moribundo: "Hoy te llevaré al Paraíso. Te llevaré al Edén esta noche". Abre la posibilidad de que, porque vino, habrá un nuevo cielo y una nueva tierra donde estará el árbol de la vida y podremos ir y comerlo de nuevo. Se abre el acceso al árbol que nos mantendrá vivos para siempre. Esa es la buena noticia. Ese es todo el drama de la Biblia. Si sacamos Génesis 3 de la Biblia, todo se derrumba. No tendrá sentido. Si trata Génesis 3 como un cuento de hadas o un mito entonces francamente no le queda nada sobre lo que construir porque el resto no tiene ningún sentido. Si un hombre no nos metió a todos en este lío, un hombre no puede sacarnos de él. Un hombre desobedeció e hizo que perdamos el Paraíso y un hombre obedeció y nos lo devolvió. La semilla de la mujer magulló la cabeza de la serpiente y puede evitar que esa serpiente lo toque a usted.

Creo que ya he dicho bastante, pero no le estoy dando un sermón. No estoy tratando de entretenerlo o interesarlo o encontrar alguna nueva verdad o dar alguna novedad. Le doy este mensaje para que se regocije de estar en Cristo y fuera de Adán porque Adán lo llevará a su tumba, de regreso al polvo. Es el único lugar al que puede llevarlo, "cenizas a las cenizas, polvo al polvo". Pero Cristo dijo: "Yo he venido para que tengan vida, y para que la tengan en abundancia". Él quería que la tuviéramos eternamente. Eso fue lo que vino a hacer. Yo pensaría que es un tonto si rechazara a Cristo y perdiera esa oportunidad.

Permanece bajo la maldición si lo hace, eso es seguro. Pero cuando Jesús murió en la cruz, se dijo de él que llevó nuestra maldición en el madero. ¿No es asombroso? Es un solo libro; fue escrito a lo largo de 1.400 años por 40 personas diferentes, sin editor, sin coordinador, sin comité de supervisión, sin que ninguno de ellos supiera que estaba escribiendo la Biblia. Es una gran historia, un verdadero drama en el que Dios, Satanás y nosotros somos los protagonistas.

Capítulo 5

LA EVOLUCIÓN Y SUS EFECTOS

Los cuatro capítulos anteriores han sido en gran medida una exposición de las Escrituras. Este capítulo se centrará más bien en el aspecto científico de la cuestión, con el fin de hacer justicia a muchas de las preguntas que se me han formulado al respecto. Quiero volver a dividir este capítulo en dos mitades. En la primera mitad, quiero hablar de la evolución como una idea física, es decir, como una teoría de cómo surgió nuestro cuerpo, una idea *física*. En la segunda mitad, quiero hablar de la evolución como idea filosófica, porque es lo segundo lo que más daño ha hecho. Fue la idea *filosófica*, tal como fue recogida por hombres como Karl Marx y Adolf Hitler, la que sumió a nuestro siglo en guerras tan terribles como las que hemos visto. Así que vamos a ver primero la idea física para el lado físico de la evolución, el desarrollo de las plantas, los animales y el hombre. Y luego vamos a ver lo que pasó con esa idea cuando se aplicó políticamente, en los negocios y en muchas otras áreas, haciendo un tremendo daño. En esa segunda mitad voy a contarles la historia interna de lo que le ocurrió a Charles Darwin espiritualmente, de lo que le ocurrió a su corazón y a su mente como resultado de las ideas que enseñó, porque esa es una parte muy pertinente de la historia de la que la mayoría de la gente no tiene ni idea. Personalmente, no me gustaría estar en el estado en el que estuvo *él* cuando llegó a morir.

Eso les da un bosquejo para el capítulo. Quiero leer dos pasajes de las Escrituras. No tratan *directamente* el tema, pero creo que nos darán algunas pistas más adelante. Uno es del Antiguo Testamento, el otro es del Nuevo. Del Antiguo Testamento. Este es el primero:

CREACIÓN

"Oh Señor, Dios nuestro, la majestad y la gloria de tu nombre llenan toda la tierra y desbordan los cielos. Tú has enseñado a los niños pequeños a alabarte perfectamente. Que su ejemplo avergüence y haga callar a tus enemigos. Cuando miro al cielo nocturno y veo la obra de tus dedos, la luna y las estrellas que has hecho, no puedo comprender cómo puedes molestarte con el simple hombre insignificante y prestarle alguna atención. Y, sin embargo, lo has hecho un poco más bajo que los ángeles y has puesto sobre su cabeza una corona de gloria y honor. Lo has puesto a cargo de todo lo que hiciste. Todo está bajo su autoridad, todas las ovejas y los bueyes y también los animales salvajes; las aves y los peces y toda la vida en el mar. Oh Jehová, Señor nuestro, la majestad y la gloria de tu nombre llenan toda la tierra".

Esa es una visión del hombre, que es la visión correcta. El pasaje del Nuevo Testamento es este:

"Porque la verdad acerca de Dios es conocida por los hombres instintivamente. Dios ha puesto este conocimiento en sus corazones. Desde los primeros tiempos los hombres han podido ver la tierra y el cielo y todo lo que Dios hizo y han sabido de su existencia y de su gran poder, así que no tendrán excusa. Sí, sabían de él, pero no lo admitían, ni lo adoraban, ni siquiera le agradecían todos sus cuidados diarios. Y después de un tiempo empezaron a pensar ideas tontas de cómo era Dios y qué quería que hicieran. El resultado fue que sus mentes necias se volvieron oscuras y confusas. Pretendiendo ser sabios sin Dios, se volvieron completamente tontos y entonces, en lugar de adorar al glorioso Dios siempre vivo, tomaron madera y piedra y se hicieron ídolos, tallándolos para que parecieran simples pájaros y animales y serpientes y hombres. Así que Dios les permitió seguir adelante en todo tipo de perversión sexual y

hacer lo que quisieran. Sí, cosas viles y pecaminosas con los cuerpos de los demás. En lugar de creer lo que sabían que era la verdad sobre Dios, deliberadamente eligieron creer mentiras, por lo que oraron a las cosas que Dios hizo, pero no obedecieron al bendito Dios que hizo estas cosas"...

"Así fue que, cuando renunciaron a Dios y ni siquiera lo reconocieron, Dios los entregó para hacer todo lo que sus mentes malvadas podían pensar. Sus vidas se llenaron de todo tipo de maldad y pecado, de codicia y odio, envidia, asesinato, peleas, mentiras, amargura, chismes. Eran calumniadores, odiaban a Dios, eran insolentes, fanfarrones orgullosos, siempre pensaban en nuevas formas de pecar y continuamente desobedecían a sus padres. Deliberadamente malinterpretaban, rompían sus promesas y eran despiadados y sin piedad. Eran plenamente conscientes de la pena de muerte que Dios les imponía por estos crímenes y, sin embargo, seguían adelante y los cometían de todos modos y animaban a otros a cometerlos también".

La razón por la que he leído ese segundo pasaje es que la elección entre creación y evolución no es solo una elección mental. Es una elección *moral*. No es solo una cuestión mental; es una cuestión de corazón y voluntad. Quiero mostrarle que la razón por la que la idea de la evolución se impuso tan fácilmente fue que la gente *quería* creerla desesperadamente. Y la razón por la que querían creerla era que los liberaría de Dios. La propia vida de Charles Darwin lo ilustra perfectamente. Esa fue la razón por la que lo enseñó: porque estaba huyendo de Dios y quería vivir sin Dios. Por eso tomó un barco llamado HMS Beagle y se fue a Sudamérica. Era un Jonás.

Veamos ahora la idea física de la evolución y luego la idea filosófica. Desde que el hombre tiene conciencia de su propia mente, se ha hecho preguntas, y la pregunta básica ha sido ¿cómo he llegado hasta aquí? Ha habido muchas respuestas a esa

CREACIÓN

pregunta. Una de las más antiguas es la respuesta de la evolución. No es una idea nueva. Se remonta a la antigua Grecia. Aristóteles creía en la evolución, lo que plantea la curiosa pregunta, ¿cómo es que Charles Darwin recibió toda la publicidad? Incluso su propio abuelo, Erasmus Darwin, era un creyente en la evolución. De ahí lo sacó Charles, de su abuelo. Pero nadie habla de su abuelo.

Exactamente al mismo tiempo que Charles Darwin estaba en un barco recorriendo las Indias Occidentales, había otro hombre llamado Wallace que estaba en un barco recorriendo las Indias Orientales. Wallace llegó a la misma conclusión que Charles Darwin exactamente en el mismo momento. Sin embargo, nadie había oído hablar de Wallace hasta un programa de televisión titulado *El viaje olvidado*, que trataba sobre el otro hombre que estaba en un barco trabajando en la selección natural al mismo tiempo.

El asunto es que Charles Darwin publicó su trabajo primero y se adelantó a Wallace, solo por cuestión de semanas. Así que todo el mundo ha oído hablar de Charles Darwin lo cual plantea la pregunta: ¿por qué debería llevarse todo el mérito? ¿Qué tiene él de especial cuando los hombres han creído en esta idea desde Aristóteles hasta nuestros días? Podría darle una larga historia de personas que creían que de alguna manera algunas formas de vida se habían transformado en otras formas, y que así es como llegó la gran variedad que vemos hoy en el mundo. Es una idea muy, muy antigua. Pero fue la publicación en 1859 de un libro llamado "El origen de las especies" de Charles Darwin lo que surtió efecto. La razón fue que, en primer lugar, fue el primer hombre en dar una explicación plausible de cómo podría haber funcionado; no solo la idea, sino que teorizó sobre un posible mecanismo. Él fue el primero, no solo en decir creo que eso es lo que pasó, pero fue el primero en decir: "Creo que esto es *cómo* sucedió". Lo que dijo parecía muy razonable, muy plausible, muy creíble. Además, fue capaz de escribirlo de tal manera que, por primera vez, la gente de la calle sintió que podía entender

La evolución y sus efectos

la ciencia. Hasta entonces había sido un estudio limitado a los eruditos que podían utilizar el lenguaje adecuado, pero él fue el primer científico "pop". Ahora tenemos un aluvión de ellos en la televisión, normalmente agitando las manos mientras explican. Si Charles Darwin viviera ahora, iría directo a la televisión, porque sabía exponer las cosas de tal manera que la gente se las tragaba. Aquí había un hombre capaz de decir al hombre de la calle cómo sucedió. Nadie lo había hecho antes. Ellos solo sostenían la idea con un lenguaje bastante "altisonante" y nunca lo habían comunicado, pero cuando ese libro salió, se convirtió en un *best seller* de la noche a la mañana.

Al principio, el libro solo trataba de plantas y animales, pero no pasó mucho tiempo, solo unos pocos años, antes de que saliera de su pluma el segundo libro, titulado *El origen del hombre* (The Descent of Man) que, por supuesto, también incluía al hombre en todo el proceso. Fue *entonces* cuando comenzó el verdadero furor. Pero incluso un año después de la publicación del primer libro hubo un debate en la Asociación Británica, que es una reunión anual de científicos de alto nivel, en Oxford en 1860, y por desgracia un obispo, el obispo de Oxford, el obispo Samuel Wilberforce nada menos, decidió oponerse a esta nueva idea y en lugar de hacer sus deberes y estudiar un poco de ciencia se limitó a reírse de ella e hizo chistes sobre monos. Lo más tonto que pueden hacer los cristianos es no enfrentarse a una cosa con honestidad. Tratar de reírse de ello fuera de los tribunales no es lo suficientemente bueno y no podemos salirnos con la nuestra. Tampoco pudo hacerlo el buen obispo. Quedó demostrado que era un tonto y el ateo que se le opuso, un hombre llamado Thomas Huxley, de quien descendía Julian Huxley, hizo picadillo al obispo. Me temo que a partir de ese momento la gente pensó que todos los cristianos eran avestruces con la cabeza en la arena que no se enfrentaban a las preguntas con honestidad.

Ahora bien, puede que al final de este capítulo no esté satisfecho de haber respondido a todas sus preguntas, porque hay algunas preguntas sobre la evolución a las que todavía no puedo responder. Creo que tenemos que ser tan honestos como lo fue Jesús, como ya he dicho. Cuando no sabía algo, lo decía, y creo que nosotros tenemos que ser igual de humildes y honestos. Pero hay varias cosas que podemos empezar a responder y voy a hacerlo.

En primer lugar, aclaremos la terminología. Tenemos que utilizar las palabras adecuadas. Hay cinco palabras que debe aprender y que me gustaría que conociera, porque las voy a utilizar bastante.

Las dos primeras palabras de la teoría —y eso es todo lo que es—, de la teoría de la evolución son *variación* y *selección*. Estas fueron las dos palabras en torno a las cuales Charles Darwin construyó su teoría. Son conceptos muy simples. El primer concepto es que en cualquier población de plantas o animales siempre va a haber variedad. No habrá dos exactamente iguales, en gran parte porque en la reproducción dos personas que se combinan sexualmente combinan de diferentes maneras sus propias características. Así, nuestros tres hijos son todos diferentes de mi mujer y de mí. Es un hecho normal de la vida y él se dio cuenta de esa variación. Ninguno de nosotros quiere discutir con eso. No hay dos árboles iguales, ni dos briznas de hierba iguales, ni dos personas iguales. Hay variaciones en toda la creación. No hay problema con eso.

El siguiente paso fue cuando Darwin dijo que, a medida que se producían estas variaciones, las más adecuadas para su entorno, las que mejor se adaptaban al mundo, se seleccionarían de forma natural y las demás se extinguirían. Por ejemplo, en el noreste de Inglaterra hay algunas polillas. Yo vengo del noreste, así que las he visto. Y, por cierto, estudié ciencias con el principal evolucionista, el profesor Harrison, en este país, una experiencia fascinante. Él podía mostrarnos, ante nuestros propios ojos, la variación y la selección. Estas polillas solían ser de color claro, casi blanco, pero en los últimos cien años han cambiado y ahora son en gran parte negras. La razón es que la parte de donde vengo es un país de minería de carbón, y estas polillas que eran claras se mostraban contra los montones de escoria de carbón, por lo que las aves podían recogerlas, mientras que las aves no veían tan fácilmente a las más oscuras. Por lo tanto, todas las claras fueron eliminadas, y poco a poco la población general se hizo cada vez más oscura. Ahora son muy negras. No es que hayan tomado el color negro del carbón, sino que las variaciones de color significan que algunas de ellas fueron eliminadas y así, poco a poco, a medida que se reproducían, criaban polillas cada vez más oscuras. ¿Me sigue? Eso es variación y selección, y lo vimos ocurrir ante nuestros ojos. Yo lo he visto.

Pero Darwin dijo que así es como *todo* llegó a ser. No solo cómo las polillas claras se convirtieron en polillas oscuras, sino cómo los caballos se convirtieron en perros o los perros en caballos y cómo los monos se convirtieron en hombres y cómo todo se convirtió en todo lo demás. Esa fue su gran teoría.

Era una teoría que tenía una gran dificultad: la velocidad de esta variación es tan lenta y tan pequeña que llevaría demasiado tiempo producir todas las especies diferentes que tenemos en el mundo de hoy. Él luchó con esa idea y no podía hacer frente a ella. Basándonos en su teoría, necesitamos millones y millones de años para producir todas las especies que hay, porque la variación es lenta y pequeña.

Entonces otro hombre que vino más tarde, Lamarck, aportó otra idea que ha modificado la teoría de Darwin. Su idea era la *mutación*. No solo habrá una pequeña variación, sino que de vez en cuando habrá un gran cambio desde el interior de una criatura. No podía explicar cómo sucedería, pero dijo que en algún lugar debe haber grandes cambios, cambios repentinos, en lugar de estos muchos pequeños. Así que podemos imaginar las dos teorías. Darwin pensaba en una evolución lenta y constante, con muchísimos pequeños cambios y las distintas especies cayendo de esa escalera mecánica ascendente a distintos niveles. Pero Lamarck lo veía mucho más como una escalera: una pequeña

CREACIÓN

variación, luego una gran mutación, una pequeña variación, una gran mutación. Él hacía espacio para cambios más grandes que Darwin jamás pensó posible.

Esos son a grandes rasgos las tres ideas básicas con las que trabajan los evolucionistas. Cualquier científico que lea esto probablemente se frustre por mi excesiva simplificación, pero estoy tratando de llegar a un punto en el que todos podamos entender los términos. Las otras dos palabras que quiero que aprenda son *microevolución* y *macroevolución*. Micro significa pequeña evolución, macro significa grande, y ahora entenderá estos términos a la luz de lo que ya he dicho. La microevolución dice que un caballo de esta altura puede convertirse en un caballo de esta altura. La macroevolución dice que un caballo puede convertirse en un elefante. Vuelvo a simplificarlo exageradamente. En otras palabras, la microevolución, la pequeña evolución, dice que puede haber variaciones dentro de límites, dentro de un grupo de criaturas. La macroevolución dice que todo vino de una. Vamos a preguntar a medida que avanzamos ¿podemos creer en uno o en ambos? Mi posición es que la microevolución es un hecho de la vida. No tengo ningún problema con ello, ni tampoco la Biblia. Por ejemplo, de Adán deben haber salido todos los hombres negros, todos los hombres rosados, los marrones, todos los amarillos. De un hombre debe haber salido toda esta variedad de seres humanos. Eso es microevolución. Pero que el hombre haya venido de un simio es macro. Y a menos que pensemos claramente en esto, caemos en la trampa de las personas que nos muestran las pruebas de la microevolución y luego argumentan a favor de la macroevolución. ¿Me sigue?

Creo que debemos estar de acuerdo con ellos en lo primero y detenernos en lo segundo, en lugar de descartarlo todo. Creo en la evolución de esas polillas en los yacimientos de carbón de Durham. Es microevolución. Estaba dentro de unos límites. No transformó una polilla en una araña sino una polilla blanca en una negra. Creo que tenemos que volver a distinguir muy claramente entre la gran y la pequeña evolución.

Ahora permítame mencionar una de las mayores falacias del pensamiento que se esconde detrás de toda la cuestión y luego pasaremos a cuestiones muy prácticas. Supongamos que me dirijo a ustedes y les doy una conferencia sobre la evolución del avión. Entonces podría hablar de microevolución y macroevolución. La microevolución sería el cambio gradual de la forma de las alas del avión, si eran rectas o ligeramente inclinadas hacia atrás y gradualmente más inclinadas hacia atrás. Se puede ver una evolución gradual en el diseño del avión en la forma de las alas. Eso es lo que yo llamaría microevolución. Macroevolución sería el cambio del vuelo sin motor al vuelo con motor, el cambio de los motores de pistón a los motores a reacción y el cambio del vuelo sónico al supersónico. ¿Lo ve? Hay ciertos cambios que podemos decir que son graduales y pequeños, y otros que son grandes y radicales. ¿He dicho ya bastante? Pero la falacia es la siguiente. Podría mostrarles diapositiva tras diapositiva sobre la evolución del avión. Podría mostrarles los pequeños avances y luego los grandes cambios y *sería* como esa escalera. Pero la falacia vendría si dijera que eso prueba que el avión de los hermanos Wright se convirtió en el Concorde a lo largo de un periodo de años. ¿Sigue la falacia? La similitud de diseño no prueba descendencia. Prueba un diseñador común. Esto es quizás lo más importante que quiero decir en este capítulo.

El mero hecho de que pueda producir un diagrama de cómo evolucionó el avión no prueba que lo hiciera por sí mismo. No prueba que un avión se convirtiera en otro. También puede probar que hubo un diseñador cuyas ideas cambiaron. Espero que lo entienda. Es la clave del pensamiento lógico sobre la evolución, porque la mayoría de los manuales sobre la evolución contienen este tipo de gráficos: de un simio tambaleante a un hombre erguido caminando con un paraguas enrollado en el otro extremo de la tira cómica. ¿Los ha visto? Dibujan mucho usando la imaginación. Dibujan este tipo de simios ambulantes hasta el

CREACIÓN

hombre, una serie preciosa. Pero incluso si lo han dibujado con precisión, eso no prueba nada, excepto un diseñador común. Espero que me entienda. No prueba que eso se convirtiera en eso, que eso se convirtiera en eso. Usted podría dibujar aviones en el mismo tipo de línea y vería cómo cambian gradualmente. Tengo algunos libros sobre aviones y hay un diagrama que muestra cómo el Concorde se desarrolló a partir de una serie de aviones de combate anteriores, y es fascinante. Se puede ver la forma emergiendo, pero no demuestra evolución alguna en términos de cambio espontáneo.

Veamos en primer lugar el origen de las plantas y los animales. Creo que es muy importante cuando se examina toda esta cuestión preguntarse dos cosas: ¿Qué dicen realmente las Escrituras? ¿Y qué ha descubierto o probado la ciencia? Porque hay demasiada teología y demasiada teoría dando vueltas en todo este debate. Quiero saber lo que *dicen* las Escrituras y no lo que yo *creía* que decían. Y quiero saber lo que la ciencia ha demostrado realmente y no lo que cree que ha demostrado. Cuando insisto en lo que realmente dicen las Escrituras y lo que la ciencia ha descubierto, descubro que no hay ni de lejos el conflicto que yo creía que había. El conflicto era una teología que *pensaba* que entendía la Biblia, y una *teoría* de la evolución, y la teología y las teorías siempre entrarán en conflicto. Creo que, en última instancia, las Escrituras y la ciencia deben reconciliarse. Si la ciencia es honesta y las Escrituras son verdaderas, entonces deben reconciliarse. No se puede vivir en dos mundos. No puedo ser el tipo de científico esquizofrénico que es una cosa en el laboratorio y otra en la iglesia el domingo. Tengo que vivir en un solo mundo. Es un solo mundo porque Dios lo hizo y, por tanto, lo que ha puesto en el mundo y lo que dice que ha puesto en el mundo debe ser una misma cosa. Por lo tanto, no puedo descansar en un mundo dual, una especie de pensamiento esquizofrénico.

Entonces, ¿qué han dicho realmente las Escrituras sobre las plantas y los animales? Solo hay dos cosas que Génesis ha dicho.

La evolución y sus efectos

Una es que Dios dijo que la tierra produzca vegetación y que produzca todas las criaturas vivientes, no "yo las voy a producir". Dijo: *"Que la tierra los produzca"*. Es una declaración increíble cuando nos fijamos en ella. Es como si Dios le diera el trabajo de producir plantas y animales a la tierra y dijera: "Manos a la obra, produzcan esas cosas para mí". Es una gran afirmación. Permitiría una gran evolución entre las plantas y los animales, ¿no es así? si Dios entregara esa responsabilidad de esa manera. Solo estoy señalando lo que las Escrituras realmente dicen. Él no dijo *"produzcamos* plantas y animales" o "yo lo haré". Dijo: "Que la tierra se ocupe de eso; dejemos que la tierra los produzca". Por lo tanto, no tengo problemas con que los animales y las plantas salgan de la tierra.

Por otro lado, hay otra frase en Génesis que también es parte de la Palabra de Dios que dice, "según su género", y estas dos frases me parece que tienen que ser equilibradas. Parecen casi contradecirse. Por un lado, es como si Dios dijera: "Que la tierra los produzca a todos", y luego dijera: "Pero que los produzca según su género". ¿Qué podemos deducir de esta segunda frase? En primer lugar, la palabra "género" no es lo mismo que la palabra moderna "especie". En las Escrituras, *género* significa *agrupación,* y probablemente sea una palabra mucho más amplia que especie individual. Género no significa un elefante más una jirafa más otra cosa. Género en las Escrituras tiende a significar todos los animales de cuatro patas o todas las cosas voladoras o algo parecido; es un grupo bastante grande. Y, ciertamente, *según su género* significa que deben reproducirse consistentemente, de modo que un cerdo no debe producir cachorros. Dicho todo esto, creo que esas dos frases nos dan la impresión de una microevolución, pero no necesariamente de una macroevolución.

Hay muchísimo margen de maniobra en el lenguaje y no creo que las Escrituras nos aten a la fe o a la teología de que Dios creó un pato aquí y una gallina allá y un ganso allá, como si fuera una especie de mago celestial que se limitara a producir

CREACIÓN

y colocar. Creo que esa no es la teología que las Escrituras nos animan a creer. Las Escrituras dicen "que la tierra produzca esto pero que haya una consistencia en lo que se produce para que se reproduzcan". Esto es una combinación de libertad y orden. Es variación dentro de límites. Yo diría que las Escrituras no dicen en este punto, para las plantas y animales, ni que todas las cosas tuvieron que venir separadamente ni que todas tuvieron que venir de una cosa. No creo que diga nada que nos ate a una u otra. Por lo tanto, para mí eso deja espacio para que la ciencia averigüe si de hecho vinieron todos de uno o vinieron por separado o vinieron en unos *pocos* grupos que luego variaron. Realmente no afectaría a mi teología lo que la ciencia descubra sobre plantas y animales. Todavía no me ocupo del hombre, pero no afectaría a mi teología que la ciencia demostrara cualquiera de estas posibilidades.

Pero ¿qué ha demostrado realmente la ciencia? Lo intrigante es que, lejos de demostrar que todas las plantas y animales proceden de un origen y una fuente de vida, el registro fósil parece apuntar en una dirección diferente y, en última instancia, el registro fósil es la prueba o la refutación, creo yo, de la evolución. En lo que respecta a los animales —y a las plantas, pero quedémonos con los animales—, he aquí algunos hechos.

En primer lugar, la mayoría de los principales grupos de animales aparecen de forma muy rápida y repentina. No aparecen diseminados a lo largo de un período enorme y prolongado. En un nivel, en la era Cámbrica, están ahí, y ya son diferentes entre sí cuando aparecen por primera vez. Esto es muy inusual. Hay variación dentro de los tipos. Se pueden rastrear los cambios del caballo, pero el caballo siempre ha sido un caballo y, de hecho, la primera cosa asombrosa sobre el registro fósil es que parecían venir en grupos, no de uno, sino en grupos. Ahí están.

El segundo hecho asombroso del registro fósil es que casi nunca se encuentra un animal mitad y mitad. Hay unos pocos que *podrían* ser formas transicionales, como se dice, pero la mayoría son claramente lo que son. Algunos de ellos no han

La evolución y sus efectos

cambiado desde que aparecieron por primera vez. El cangrejo común era exactamente igual cuando apareció que ahora. No ha cambiado. Muchos insectos aparecieron hace millones de años y ahora son exactamente iguales. No ha habido ningún cambio. Por lo tanto, hay algunas cosas muy sorprendentes en el registro fósil de los animales. Algunos no han cambiado, todos tendieron a aparecer bastante rápido y completamente desarrollados. Otra cosa sorprendente es que las formas simples de vida y las formas complejas de vida aparecieron al mismo tiempo. Habríamos esperado que las formas muy simples aparecieran aquí y luego mucho, mucho más tarde en el camino algunas de las complicadas, pero no es así.

Estoy hablando en términos relativos porque los períodos geológicos son largos, como sabrá. Por lo tanto, cuando digo que aparecieron rápidamente no quiero decir entre martes y jueves, sino en una era. Así que, con todas estas cosas sorprendentes que están surgiendo de la ciencia, realmente no encuentro ningún conflicto en absoluto entre las Escrituras y la ciencia. La situación sigue estando abierta. Y lo que sea que descubran no va a sacudir profundamente mi comprensión de las Escrituras, porque creo que Dios nos dio deliberadamente el lenguaje sobre la creación de plantas y animales, no de una manera ambigua, sino de una manera menos específica de lo que sería necesario para atarnos a cualquier teoría particular en cuanto a cómo surgieron las plantas y los animales. Los dos hechos que Dios dijo, que *la tierra* produzca plantas y animales según su especie —esas dos afirmaciones—, nada de lo que la ciencia ha descubierto ha afectado a esas dos afirmaciones ni un ápice. Así que, francamente, hay mucho aspaviento sobre los animales y las plantas que no tiene por qué haber.

La gran pregunta no es *cómo* surgieron todas las plantas y animales, sino si estaba *planeado*. ¿Fueron todos accidentes o hubo un diseño? *Esa* es para mí la gran cuestión. ¿Se cayó o fue empujado? Ésa es la verdadera cuestión. ¿Todas estas especies surgieron por casualidad o fueron *empujadas*? ¿Hubo alguien detrás? Esa, por supuesto, es una pregunta que debe responderse con otros argumentos.

Ahora, en segundo lugar, con el problema del hombre como distinto de los animales y las plantas, entramos en *verdaderos* problemas. Es aquí donde surgen las verdaderas dificultades. No creo que surjan sobre las plantas y los animales, pero cuando llegamos al hombre, las Escrituras dicen ciertas cosas sobre el hombre que no son fáciles de conciliar con lo que los evolucionistas dicen sobre el hombre. Veamos eso, lo que las Escrituras realmente *dicen* y lo que ha realmente *descubierto* la ciencia.

¿Qué dicen las Escrituras sobre la creación del hombre? Lo primero que notamos es que las Escrituras dicen que Dios creó al hombre exactamente del mismo material del que creó a los animales. Eso es lo primero. Ese es un factor que debemos tomar en cuenta. Así como los animales fueron creados de la tierra, Adán fue creado de la tierra, del barro, del suelo, del polvo: *Adán* en hebreo. Pero todas las otras cosas que se dicen sobre el hombre hacen que *su* origen sea *diferente* al de las plantas y los animales. Por ejemplo, a las plantas y a los animales, Dios les dice que *la tierra* los produzca, pero al hombre le dice que *nosotros* lo produzcamos. Esa es una diferencia real, como si el hombre viniera desde un ángulo diferente de la situación. ¿Me sigue? No "que la tierra produzca al hombre", sino "produzcámoslo nosotros", como "quitémosle la responsabilidad a la tierra y hagámoslo nosotros".

Luego, por supuesto, está la afirmación de que el hombre fue creado; no hecho, creado. Esa palabra significa, como ya dije, algo nuevo que no existía antes. Luego está la afirmación de que solo el hombre es imagen de Dios. Luego está la afirmación de que la mujer no fue hecha del polvo, sino del hombre. Ella fue clonada de su costado. Todo esto me dice que el hombre y la mujer fueron una creación *especial*. No están en la misma categoría que las plantas y los animales, y es en este punto donde realmente nos topamos con el evolucionista que dice que el hombre estaba en ese mismo proceso, mientras que, para mí, todo lo que la Biblia dice sobre el hombre dice que *no* estaba en el mismo proceso. Él vino de una manera diferente, lo que plantea todos los problemas ahora. Y tenemos que enfrentarlos honestamente.

Quiero dividir al hombre en dos grupos: el hombre histórico y el hombre prehistórico. Comenzaremos con el hombre histórico, porque en realidad no hay mucho problema con el hombre histórico. Me refiero al hombre tal como lo conocemos, por los registros que ha guardado de sí mismo a través de la historia, escribiendo su propia historia. Como sabemos, el hombre histórico, la raza humana actual, es una raza, no es una variedad de especies. La raza humana es una; la unidad de la raza humana está establecida desde todos los ángulos concebibles. Usted puede casarse con cualquier ser humano del mundo, ya sea la persona más culta o el aborigen más primitivo; sus cromosomas coinciden. Si pertenece al grupo sanguíneo correcto puede tener una transfusión. Todo ser humano vivo en el mundo hoy puede aprender el idioma de cualquier otro ser humano, ¿lo sabía? No es fácil, pero se puede. Me maravillé cuando comí en Berlín Occidental con un indio auca que era uno de los que habían matado a los misioneros en Ecuador en 1952. Aquí estaba este salvaje miembro de una tribu del corazón de la selva amazónica que ni siquiera sabía para qué servían un cuchillo y un tenedor en la mesa. Sin embargo, lo miré con sus dientes limados y le habría confiado mi bebé. Compartimos totalmente y el Espíritu nos permitió comprender perfectamente el corazón del otro. Fue toda una experiencia conocer a aquel hombre, precisamente en Berlín Occidental. Acababa de llegar de la selva amazónica y nunca antes había estado en un avión. No obstante, la forma y la rapidez con la que se adaptó a Berlín Occidental fue asombrosa, directamente de la selva amazónica. Uno se da cuenta de que la raza humana es una sola especie y, por supuesto, eso se debe a

CREACIÓN

que, como dice Pablo en Hechos 17, de un solo hombre hizo toda la raza, todas las naciones.

Por lo tanto, no hay ningún problema en que el hombre histórico sea el hombre bíblico, si se quiere. De hecho, en la experiencia moral todos tenemos conciencia también. Nunca conocerá a un hombre —incluso de la edad de piedra en Nueva Guinea— que no tenga conciencia. Conoce la diferencia entre el bien y el mal. Puede que no tenga la misma lista de lo que está bien y lo que está mal que usted, pero conoce la diferencia. Así que no hay ningún problema con el hombre histórico y la Biblia. Hay cosas muy interesantes que están saliendo a la luz, por ejemplo, a través de la arqueología agrícola.

Soy agrónomo —o lo fui— y me fascinan la agricultura y la ganadería. Me fascina saber dónde se produjo la primera domesticación de animales y el primer cultivo de hierbas silvestres que se convirtieron en trigo y cebada. ¿Sabe dónde ocurrió? Sucedió en un lugar que, según Génesis 2, estaría justo fuera del Jardín del Edén. Sucedió exactamente donde Dios le dijo a Adán que aprendiera a labrar la tierra en lugar de comer frutos. La historia de la agricultura —hasta los tiempos del Neolítico— se remonta a un lugar en el mundo donde se le dijo a Adán que se pusiera a cultivarlo. Encuentro fascinante cosas como estas.

Pero el *problema* viene con el hombre prehistórico, y debemos afrontarlo con honestidad. Voy a ser muy honesto al principio y decir que todavía no conozco la respuesta completa a este problema. Daré algunas pautas para que al menos podamos reflexionar sobre ello. Pero no tengo la respuesta completa. Estoy seguro de que se dan cuenta de que ahora hemos descubierto más y más restos de esqueletos que tienen todas las marcas de ser al menos parecidos al hombre. La palabra latina para hombre es *homo* y la mayoría de estos hallazgos ahora se etiquetan como *homo*, ya sea *homo sapiens,* que es el hombre moderno, u *homo erectus* u *homo neanderthalensis* —hombre de Neandertal— u hombre de Pekín u hombre de Java u hombre de Australia. Usted

La evolución y sus efectos

ha oído todas estas frases y se utilizan tan libremente que debe ser consciente de ellas.

La datación de estos hombres se remonta cada vez más atrás, siempre sea correcta. Antes pensábamos que un hombre de 50.000 años era prehistórico. ¿Qué edad cree que tiene el esqueleto más antiguo descubierto ahora? Estaba leyendo sobre los últimos descubrimientos. ¿Cuántos años cree que tienen ahora los que afirman que podemos remontarnos al hombre prehistórico? La última afirmación es que han encontrado un esqueleto —o partes de él— en Etiopía que tiene varios millones de años. Al principio pensábamos que el hombre de Neandertal tenía 30.000, luego 50.000, después 150.000 años, y así sucesivamente. Ahora los últimos hallazgos de Leakey en Tanzania y de un francés en Etiopía y más al sur, en Sudáfrica, afirman que tienen varios *millones* de años. Están encontrando cráneos que afirman ser *homo*, hombre. Por lo tanto, nos enfrentamos a un verdadero problema.

Permítame decir en primer lugar tres cosas acerca de estos descubrimientos que tenemos que traer a la mente y luego voy a recorrer las cinco explicaciones posibles.

En primer lugar, aún no han descubierto una criatura que sea mitad simio y mitad hombre. Todas las cosas que han encontrado son hombres *o* simios. No han descubierto nada intermedio. Eso es interesante. Hay una gran brecha todavía. No han encontrado muchos eslabones perdidos. Aún falta el eslabón, por lo que algunos de los hallazgos en el sur de África son claramente simios y otros son claramente hombres, pero en realidad aún no hay hombres-simios. Creo que lo primero que debemos recordar es que la identificación se basa en gran medida en los dientes. Como probablemente sepa, un simio tiene una mandíbula oblonga con molares a los lados, luego dos enormes dientes que sobresalen aquí y luego una pequeña fila de incisivos en la parte delantera, mientras que todas las mandíbulas humanas son un semicírculo con los molares que van en línea recta hacia los incisivos y de

CREACIÓN

nuevo hacia abajo. Todas las mandíbulas que han encontrado son una u otra. Eso es lo primero que tenemos que recordar.

Lo segundo es que todos los científicos que han descubierto esto dicen que varios de estos grupos *no* son nuestros antepasados. Aparecieron y se extinguieron, lo que les resulta muy difícil de explicar, pero todos son bastante honestos al decir que no ven a todos estos grupos como nuestros antepasados. Afirman que uno o dos de los grupos lo son, pero muchos de ellos, dicen que simplemente surgieron y desaparecieron como los dinosaurios, así que no sabemos realmente cómo encajan.

La tercera cosa que creo que necesitamos saber es que no siguen un orden progresivo como el que mostraban todos los libros de texto escolares: un hombre con un pequeño cerebro que iba adquiriendo un cerebro un poco más grande, y adquiriendo un cerebro masivo para luego acabar como una persona lista o como cualquiera de nosotros. O en términos simples, el crecimiento de la capacidad cerebral desde aproximadamente 400 d.C. hasta aproximadamente los modernos del siglo XIV d.C. Usted ha visto todos los gráficos, ¿verdad? Pero, de hecho, los "hombres primitivos" que están descubriendo tienen cerebros grandes y eso ha molestado mucho a los cerebros grandes de los que los descubrieron.

Estoy esperando a escuchar con mucha más claridad a los científicos antes de comprometerme a dar una respuesta definitiva, porque de momento *ellos* están confundidos, y sinceramente. Dicen: "Simplemente no sabemos lo que está pasando". Cada nuevo descubrimiento echa por la borda su teoría, así que estoy a la espera. Veamos ahora las cinco posibilidades. Tarde o temprano, cuando la ciencia nos aporte más pruebas, tendremos que elegir una de estas cinco posturas.

La primera posibilidad es que los científicos estén completamente confundidos. Algunos cristianos se deleitan diciendo: "El Hombre de Piltdown fue un fraude". ¿Cómo saben que fue un fraude? Porque los científicos lo dijeron. Entonces, si va a decir que el Hombre de Piltdown es un fraude y que todo lo demás es un fraude, tiene que decir: "¿Cómo sé que el Hombre de Piltdown fue un fraude?". Podría haber sido real, pero fue la ciencia la que dijo que era falso. Así que, si va a aceptar las conclusiones de la ciencia de que Piltdown fue un fraude, entonces debería ser justo y aceptar que lo que ellos dicen que es real es real. No creo que exista la primera posibilidad. Estoy dispuesto a reconocer que los científicos intentan honestamente averiguar la realidad. No puedo descartar todas las dataciones por Carbono 14 como basura. Por lo tanto, la número 1 no es una opción para *mí*, pero parece serlo para algunos cristianos.

La segunda posibilidad es que las Escrituras sean falsas y nos estén dando información falsa. Que Génesis 1, 2 y 3 sean un mito y, por lo tanto, no sean históricamente verdaderas; son solo una fábula que contiene algunas verdades. Me temo que no puedo aceptar *eso*. Tampoco es una opción para mí. Creo que Dios no nos hablaría con fábulas o, si lo hiciera, indicaría que *son* fábulas como hace en algunos lugares de la Biblia. Creo que una vez que eliminamos la verdad histórica de los primeros capítulos del Génesis, estamos en serios problemas con todo el resto de la Biblia. Así que esa no es una opción para mí, aunque algunos la adoptan. *Muchos modernistas* la adoptan.

La tercera opción es que los hombres prehistóricos no son hombres en el sentido bíblico. Eran animales altamente desarrollados, casi como —si puedo usar mi sentido del humor— Dios estuviera probando una forma física y experimentando y diciendo: "Voy a probar la forma de un hombre y ver cómo funciona en cuanto a respirar y caminar y manejarse con la comida". Esa es una posibilidad, que hubiera animales altamente desarrollados que tienen toda la apariencia física de ser humanos, pero que en realidad no son a imagen de Dios, y por lo tanto no son hombres *bíblicos*. Esa es una posibilidad real. Lo único que me preocupa al respecto es que, por ejemplo, el Hombre de Neandertal tenía ritos funerarios, lo que sí indica *algún* tipo de

CREACIÓN

percepción espiritual. Pero por lo demás los científicos no han descubierto nada en el hombre prehistórico que indique que es lo que llamamos un hombre bíblico a imagen de Dios. Han descubierto criaturas que tienen nuestra forma y nuestro tamaño y nuestro estilo de caminar y nuestras mandíbulas, pero podría ser que *no* fueran hijos de Adán. Podemos involucrarnos muchísimo en *esta* opción. Por ejemplo, podemos decir que en Génesis 6, donde los hijos de Dios vieron a las hijas de los hombres, que el hombre bíblico se enamoró de estas otras criaturas y produjo un gigante híbrido. Es una posible interpretación de Génesis 6, pero no creo que sea la verdadera. También se podría decir que estas eran las criaturas de las que Caín tenía miedo de ser asesinado, pero creo que esto es especulación. La número 3, es una opción posible.

La cuarta teoría es la que sostienen la mayoría de los eruditos católicos romanos. Dice en que en algún momento del proceso evolutivo Dios transformó a estas criaturas altamente desarrolladas en seres espirituales y que hubo una especie de mutación espiritual que Dios provocó que transformó al hombre prehistórico en el hombre bíblico. Es una posibilidad, pero no parece encajar del todo con el lenguaje de la Biblia que ya he esbozado. Pero es una opción que muchos cristianos han adoptado.

La quinta posibilidad es que, de hecho, todos los hombres prehistóricos *eran* hijos de Adán. El problema con esto, por supuesto, es que sitúa a Adán mucho antes de lo que pensábamos. Lo sitúa hace varios millones de años como mínimo. Y, como menos, tenemos problemas entre Génesis 3, 4 y 5 sobre esa base.

Debe estar terriblemente condensada si Génesis 3 y 4 están destinados a cubrir varios millones de años.

Una especulación ingeniosa es que Adán no fue el primer hombre. En realidad, se está diciendo que otro fue el primer hombre. Tal vez ese alguien fue mencionado incluso antes que Adán, en el capítulo 1, ¿lo notó? Pero significa que Adán no estaba en el capítulo 1. Esto puede parecer una idea estrafalaria, pero permítame explicarlo para ser justo con los cristianos que lo sostienen. Ellos notan que en Génesis 1 el hombre es un cazador mientras que en Génesis 2 el hombre es un agricultor y que el nombre Adán no se usa hasta Génesis 2. Esta teoría es que Génesis 1 se refiere a hombres prehistóricos que eran a imagen de Dios y que Adán no fue el primer hombre sino que fue creado después y era más el Hombre Neolítico, el hombre agrícola. Ciertamente Génesis 2 encaja perfectamente con el Neolítico por lo que sabemos de los logros del hombre en esa época.

Le he dado las cinco posibilidades. No voy a decirle por cuál de ellas me inclino más en este momento porque el simple hecho es que no creo que tengamos suficientes datos del lado de la ciencia para empezar a tratar esto honestamente. Les queda mucho camino por recorrer para decidir si están tratando con el o con el no hombre. Y hasta que no lo tengan mucho más claro, no veo la necesidad de dejar que me marquen la agenda de mi pensamiento. Solo diré que no creo que se haya descubierto aún *nada* y se ha *demostrado* por la ciencia que me impida creer que el hombre es una creación especial. Hay problemas que no se pueden resolver hasta que no tengamos más conocimientos, pero aún no hay nada demostrado que me obligue a suicidarme intelectualmente creyendo que Dios hizo del hombre una creación especial de una manera que no hizo al resto de los seres vivos. Porque dondequiera que se sitúe a Adán en el árbol genealógico, por muy lejos o tiempo atrás que se haya creado al primer hombre, aún no se ha descubierto nada que lo vincule a ese proceso de plantas y animales; aún no se ha demostrado nada. Por lo tanto, me contento con esperar en este tema y espero que usted también.

Lo que nos lleva a preguntarnos: ¿por qué, entonces, si es una cuestión tan abierta, por qué, si la ciencia no está *ni cerca de demostrar* la evolución del hombre, por qué, entonces, se ha creído en ella con tanto entusiasmo? ¿Por qué la gente se abalanza sobre los demás para decir: "Todo el mundo cree en la evolución", como si fuera un hecho inevitable, cuando no es más

CREACIÓN

que una teoría? ¿Qué es lo que ha hecho que el mundo se precipite como cerdos gadarenos por la pendiente hacia esta teoría? La respuesta es que *querían* creerla. Puede que a usted le parezca extraordinario que alguien quiera reivindicar a un mono como su bisabuelo. A la mayoría de nosotros no nos ayuda escarbar demasiado en nuestro árbol genealógico y lo que descubrimos. ¿Por qué entonces el mundo estaba tan *ansioso por creer* que el hombre formaba parte de todo esto?

Ahora no consideramos la evolución como una idea física, sino como un ideal filosófico y la razón por la que se apeló al orgullo de los hombres cuando se les decía que sus antepasados eran monos, que es todo lo contrario de lo que cabría esperar. Supe de una dama victoriana que dijo: "Bueno, *puede que* vengamos de los monos, pero no es algo de lo que se hable". Obviamente hirió *su* orgullo, pero para la mayoría de la gente, de hecho, infló su orgullo al pensar que habíamos subido desde allí.

El propio Charles Darwin dice: "El hombre puede ser excusado por sentir algo de orgullo por haber llegado, aunque no por sus propios esfuerzos, a la cima de la escala orgánica". Julian Huxley en nuestros días dijo: "Podemos estar orgullosos de ser la especie dominante". A todo el mundo le gusta ser halagado, y nos sentimos halagados si nos hemos elevado por encima de nuestro trasfondo, ¿no es así? Si sentimos que estamos aquí arriba cuando nuestros abuelos estaban allá abajo. Me temo que apeló al orgullo de mucha gente. Luego Darwin pasó a convertir la idea en un ideal cuando dijo esto. Inmediatamente después de decir que podemos ser excusados por sentir algo de orgullo por habernos *elevado* a la cima de la escala orgánica "y el hecho de que el hombre se haya elevado puede darle la esperanza de un destino aún más alto en el futuro". ¿Lo entendió? El punto en el que la idea de *dónde* venimos se convirtió en el ideal de *adónd*e podríamos llegar, lo cruzó el propio Charles Darwin. Entonces, dio vuelta esta idea de dónde hemos venido y trazó una línea, una línea proyectada en el gráfico que decía, si hemos llegado hasta aquí desde la selva, ¿a dónde no podemos ir? Y reforzó toda la idea de progreso.

Se apoderó de uno de nuestros primeros ministros ingleses hasta el punto de que publicó un programa electoral en estos términos: "Arriba y arriba y arriba y adelante y adelante y adelante", y ganó las elecciones con ese eslogan. En otras palabras, estamos en la escalera mecánica evolutiva, chicos, vótennos y los llevaremos arriba y arriba y arriba y adelante y adelante y adelante. ¡Vaya frase! Se trataba de un ideal filosófico evolutivo según el cual, si hemos llegado hasta aquí, podemos seguir avanzando. Es el contraste entre la comprensión de que el hombre es una criatura *caída* y el hombre es una criatura *ascendente*. Ahí es donde surge el problema. ¿Quiere que le digan que es una mujer caída o un hombre caído, o quiere que le digan que es un hombre ascendente o una mujer ascendente? De esta forma no solo apelaba al orgullo sino que nos ayudaba a sentir que íbamos a ir arriba y arriba y arriba y adelante y adelante y adelante. Eso nos llena de esperanza en el futuro.

En otras palabras, refuerza nuestro ego si miramos a la gente hacia abajo en lugar de hacia arriba. Cuando miramos a los seres que están por encima de nosotros, ya sea en el trabajo o en cualquier otro sitio, sentimos: "Me quedo corto; me queda mucho camino por recorrer". Pero cuando miramos a los que están por debajo de nosotros, tendemos a pensar: "Soy alguien". Lo que Darwin hizo fue decirle al hombre: "Quita la vista de Dios y de los ángeles y mira a los animales. Si piensas en los ángeles, te darás cuenta de que estás aquí abajo. Si piensas en los animales, pensarás que estás aquí arriba".

Ahora llego a dos asuntos muy serios. En primer lugar, ¿cómo afectó esto a la fe de la gente en Dios? Y, en segundo lugar, ¿cómo afectó su amor por los hombres? He aquí dos pruebas clave. ¿Cómo se vio afectada su fe en Dios? ¿Cómo se vio afectado su amor por el hombre? Porque si una idea es correcta y verdadera, entonces debería ayudar a estas dos cosas. Fe, esperanza y amor;

si inyectamos una esperanza verdadera en la gente, aumentará su fe, aumentará su amor. Pero si inyectamos una falsa esperanza, destruirá la fe y destruirá el amor. La idea de la evolución destruyó tanto la fe en Dios como el amor por el hombre, y todavía lo hace. Da a los hombres una excusa para no hacer ninguna de las dos cosas. Por lo tanto, es una falsa esperanza.

Ahora bien, es interesante que el profesor Sedgwick de Cambridge, que era un amigo cercano de Charles Darwin, pero también un profundo y encantador cristiano, leyó *El origen de las especies* y dijo: "Es un plato de puro materialismo hábilmente cocinado y servido simplemente para hacernos independientes de un Creador". Era el mejor amigo de Charles Darwin. Lo conocía y sabía que era un joven que estaba huyendo de Dios. Predijo que, si la gente creía en su libro, el próximo siglo *embrutecería* al hombre; esa es la palabra que usó. Predijo guerras resultantes del libro de Darwin a una escala terrible. Ese hombre, Sedgwick, se dio cuenta de lo que realmente estaba mal. El obispo Wilberforce no; nunca lo abordó en su verdadero nivel. Se puso en ridículo y defraudó a la iglesia. Pero el profesor Sedgwick, que era, de hecho, un profesor de geología, se dio cuenta de que lo que Darwin estaba predicando era una visión materialista de la vida que no necesitaba un Creador.

Es que, hasta ese momento, el mayor argumento a favor de Dios, el argumento más fuerte a favor de Dios, era el *diseño* que se podía ver en la naturaleza. De repente, Charles Darwin dice que no hay diseño. Es simplemente producto del azar. Ahora bien, una cosa que preocupó a Charles Darwin hasta el día de su muerte fue su ojo. Estaba tan perfectamente diseñado para el trabajo que no podía creer que era producto del azar. Porque el ojo humano es tan complejo, con *millones* de células fotoeléctricas, que las probabilidades estadísticas de que todos los cambios de variación necesarios produjeran un ojo humano eran tan grandes que Darwin nunca pudo encajarlo en su teoría. Siguió preocupado por sus ojos, porque estaban tan perfectamente diseñados, y él

La evolución y sus efectos

decía que no había diseño, que todo sucedió por accidente. Había otras cosas a las que no podía enfrentarse. Le costaba manejar el diseño de las lombrices. Había demasiado diseño en ellas. Hasta entonces, todo el mundo había dicho: "No crees en Dios, pero mira el diseño en la naturaleza". Charles Darwin dijo que no había diseño y le preocupaba cada vez que lo encontraba. Simplemente no podía aceptarlo. Pero peor que eso, la visión de Darwin de la naturaleza destruía la visión de un Dios bueno porque *él* veía la naturaleza como una lucha por la existencia. Esa era su frase: "lucha por la existencia". Vio a todas estas variadas especies luchando entre sí para sobrevivir y sentó las bases para esa imagen de la naturaleza "de dientes y garras enrojecidos" con la que hemos vivido desde entonces. Por supuesto, la gente podría preguntarse cómo un Dios amoroso pudo crear tal desorden con especies luchando por sobrevivir entre sí, la naturaleza como una gran guerra.

Pero había más que eso. Intentó desesperadamente aferrarse a alguna creencia en Dios, pero fracasó. Al final del libro *El origen de las especies* —lo tengo en mis estantes en alguna parte— está esta frase: "No veo ninguna buena razón por la que los puntos de vista expuestos en este volumen deban escandalizar los sentimientos religiosos de nadie. Hay grandeza en esta visión de la vida con sus diversos poderes que fueron originalmente insuflados por el Creador en unas pocas formas o incluso en una sola". Eso suena bien; suena como si fuera un hombre religioso. Pero quiero que noten primero que él habla de Dios como el Creador. Nunca usó ningún otro término para Dios. Es interesante que nunca lo llamo Señor, nunca lo llamo Padre sino siempre se refirió simplemente al "Creador".

Después, quiero que note que puso el trabajo de Dios al principio y después quedó fuera del cuadro. Dice: "No me importa que Dios insuflara vida a la primera forma, pero a partir de ahí sucedió por sí solo". Efectivamente excluyó a Dios de su actividad creativa y virtualmente dijo que él pudo haberla iniciado, pero no tuvo nada que ver con ella de ahí en adelante. Hay mucha gente que cree en un Dios así hoy en día. Creen que Dios creó el mundo, pero no creen que lo siga manejando. No creen en los milagros porque no creen que Dios sigue estando presente. Se llama deísmo. Es una creencia muy común, que hay un Dios que lo creó todo y lo puso en marcha pero que no tiene nada que ver con ello ahora. El clima no tiene nada que ver con Dios en este momento. Está fuera del cuadro.

El resultado fue, por supuesto, que los mejores amigos de Darwin eran ateos. Mientras los obispos lo atacaban, los ateos como Thomas Huxley lo halagaban y le decían: "Lo has conseguido; estamos de acuerdo contigo". Se convirtió en una vergüenza, en cierto sentido, para él que fueran todos los *ateos* los que acudieran en masa a apoyarlo. Ahora voy a contarles la historia de adentro de Charles Darwin, o las partes de ella que necesitamos saber. Toda su vida, toda su vida *adulta*, fue un escape de dos personas: su padre terrenal y su Padre celestial. Estaba huyendo de ambos. Es muy interesante ver cómo nuestras relaciones con nuestro padre terrenal a menudo influyen en nuestras relaciones con nuestro Padre celestial, y Darwin no es una excepción. Esta es la historia.

Darwin creció en un buen hogar cristiano y, *de niño*, le encantaba leer la Biblia y orar. Cuando tenía que correr una carrera en la escuela, le pedía al Señor que le ayudara a ganar. Y cuando ganaba, daba testimonio a sus compañeros de clase: "Fue el Señor quien me ayudó". Era un muchacho devoto, pero a medida que crecía algo comenzó a arruinarlo y era que sabía que su padre era sumamente rico y él vivía para el día en que su padre muriera y él recibiera el dinero. Eso, más que cualquier otra cosa, empezó a arruinar a Charles Darwin. El resultado fue que no estaba motivado para estudiar ni para trabajar y se convirtió en una profunda decepción para su padre. Su padre intentó tres carreras para él. En primer lugar, su padre lo envió a Edimburgo para que se formara como médico, de lo que era perfectamente capaz, y

La evolución y sus efectos

cuando fue allí, iba a la iglesia y mantuvo el lado religioso. Pero no estudió y no trabajó, y les dijo a sus amigos: "Está bien; el dinero me llegará". Así que fue un fracaso y su padre tuvo que traerlo a casa otra vez y le dijo: "Mira, tienes que seguir *alguna* carrera; tienes que dejar una huella" y lo estuvo presionando todo ese tiempo. Esto es muy interesante. Empujándolo hacia una carrera, pero el muchacho se resistía a hacer algo serio con su vida. Quería ser un playboy, así que su padre le dijo: "¿Qué tal el ministerio?". Charles Darwin pensó que podría ser una buena idea y se fue a Cambridge a estudiar teología como preparación para ser ordenado sacerdote en la Iglesia de Inglaterra. Pero en Cambridge se metió en malas compañías, anduvo de aquí para allá, no estudió y no se dedicó a la tarea. Poco a poco empezó a sentirse cada vez más culpable de su preparación para el ministerio.

Consiguió aprobar la carrera —por los pelos—, pero no podía enfrentarse al hecho de dedicarse al ministerio porque era lo suficientemente honesto como para admitir que no había recibido ningún llamado del Señor. Además, para entonces estaba muy endeudado y pensó: "He decepcionado a mi padre dos veces. Sin duda no pagará mis deudas". De hecho, cuando se enteró, lo hizo. Pero Charles dijo: "Quiero irme lejos y hacer algo interesante". Se había estado interesando por la biología, así que solicitó el puesto de naturalista a bordo del HMS Beagle y lo consiguió. Fue su manera de salir de toda la situación, alejándose de su padre terrenal y también de su Padre celestial. Desde entonces, se puede rastrear el declive de su fe hasta que finalmente, a los 40 años de edad, dijo: "Soy agnóstico. No sé si hay un Dios o no".

Es una historia trágica. Siguió diciendo: "Me dedicaré al ministerio cuando termine este viaje, cuando termine de escribir mi biología". Me alegro de que nunca entrara en el ministerio porque no creo que hubiera recibido un llamado de Dios. Pero se metió en esta terrible tensión de querer creer en Dios y no querer, casi como si Dios fuera como su padre terrenal. Quería hacerlo, pero no quería hacer lo que su padre le decía. Este conflicto arruinó su salud y durante la mayor parte del resto de su vida fue un inválido crónico que sufría de dolores de cabeza, mareos, vómitos. No obstante, era un hombre básicamente en forma y vivió hasta una edad avanzada, pero como inválido crónico. Cualquier psicólogo que examine sus diarios y cartas le dirá cuál era el problema. Además de todos los síntomas físicos, el lenguaje de sus cartas muestra que sufría de verdadera culpa, que nunca había llegado a un acuerdo con el lado religioso de la vida. Así que comenzó a exigir más y más pruebas de fe. Primero dijo en sus cartas: "Ya no creo en el *Antiguo* Testamento". Unos años después dijo: "Me cuesta creer en los milagros del *Nuevo* Testamento" y finalmente dijo: "Me cuesta creer que la Biblia sea una revelación divina". Y uno o dos años después dijo: "Soy agnóstico".

¿Saben lo que le ocurrió como resultado? No solo se resquebrajó su salud, sino que durante el resto de su vida tuvo esa tensión nerviosa en su mente y el resultado fue que el mundo se le murió. Perdió su amor por la naturaleza. Antes se maravillaba de las bellezas que veía en los viajes en el Beagle. Ahora no veía ninguna maravilla en ello. Perdió su amor por la poesía. Perdió su amor por el arte. Perdió su amor por la música. Esto es muy interesante. Esto es lo que le pasa a un hombre que está dividido y que está luchando con Dios y queriendo alejarse de él. Sus intereses bajaron y bajaron y bajaron. Incluso en su propia casa estaba en conflicto porque su mujer era una cristiana encantadora y enseñaba historias de la Biblia a los niños y los llevaba a la iglesia, los bautizaba y confirmaba. Él hacía el esfuerzo, pero de alguna manera creaba una atmósfera en casa en la que su mujer — él lo admite— sufría un terrible dolor por su actitud. Aquí tenemos a un hombre que parece estar huyendo toda su vida de su pasado, huyendo de Dios. Fueron sus amigos cercanos en Cambridge quienes descubrieron la verdad. Dijo que le llevó 20 años llegar a la idea de la selección natural a través de sus estudios por todo el mundo, pero su amigo Sedgwick le dijo: "No te llevó 20 años. Se te ocurrió cuando eras estudiante; me lo contaste. Dijiste: 'Si fuera cierto, entonces Dios no es necesario'". Es fascinante que su amigo viera lo que estaba haciendo. Estaba tratando de encontrar una explicación del universo que le diera una razón para alejarse del lado religioso de su vida. Esa es la historia desde adentro. No hubo conversión en el lecho de muerte. Eso es un rumor cristiano. Nunca se arrepintió. Lo cierto es que cuando agonizaba en Down House —nunca volvió a viajar al extranjero después del viaje del Beagle—, el duque de Argyle lo visitó y le dijo: "Leyendo todo lo que has dicho sobre la lombriz de tierra" —eso fue una cosa; he olvidado las otras cosas; mencionó unos tres estudios que había hecho—, "¿No te hace darte cuenta del maravilloso Diseñador que es nuestro Dios?". Se lo dijo a Darwin en su lecho de muerte. El duque de Argyle registró más tarde: "Nunca olvidaré la respuesta de Darwin. Dijo: 'A veces eso es lo que me parece a mí y otras veces simplemente desaparece'". Así fue como murió: sin fe, sin interés por la vida. Incluso la belleza de la naturaleza lo dejó totalmente indiferente. Fue así como terminó sus días.

Y desde entonces, los que han querido escapar de Dios se han apoderado de las ideas de Darwin. Los que quieren creer que Dios ya no es necesario, que la naturaleza puede funcionar por sí misma, que no necesitamos un Creador sino tenemos la creación, se han apoderado de esta idea, como si tuvieran un sentimiento afín con él. La Emperatriz de Prusia leyó su libro —y ella era una muy buena cristiana practicante— y destruyó su fe. Se puede rastrear la influencia de la vida de esa mujer en los acontecimientos de Europa central. Todavía no he conocido a una persona que lea alguno de los escritos de Darwin y diga: "Eso ha fortalecido mi fe en Dios". Nunca ha ocurrido, *aunque* él diga al final que debería. En realidad, esa frase se incluyó en una edición posterior como respuesta a los que decían que era antirreligioso. No lo era cuando lo escribió, pero las semillas de la incredulidad ya estaban sembradas en su corazón. Es un caso clásico en el que necesitamos saber adónde iba un hombre, de dónde venía y contra qué luchaba cuando emprendió aquel viaje en el Beagle. Y de quién huía.

Pasando ahora de eso, que es una triste historia personal, paso a lo más serio: lo que ocurrió cuando sus ideas se difundieron, ¡y vaya si se difundieron! Sus libros se tradujeron a idiomas de todo el mundo. De repente se leía a Darwin, pero el país donde más se leía era un país en medio de Europa llamado Alemania. Sigamos la pista. El profesor Sedgwick había dicho que si se aceptaban las opiniones de Darwin la humanidad sufriría un daño que la *embrutecería* y hundiría a la raza humana en un grado de degradación inferior a cualquiera en el que haya caído desde que sus registros escritos nos hablan de su historia. ¿Por qué Sedgwick dijo eso? Porque había una idea en el corazón de la enseñanza de Darwin que iba a hacer el daño. La idea era esta, para citar a Darwin: "De la guerra de la naturaleza, el hambre y la muerte, se sigue directamente la producción de animales *superiores*". ¿Puedo repetirlo? Esa es una de las frases más dañinas que el hombre ha escrito: "De la guerra de la naturaleza, el hambre y la muerte, se sigue directamente la producción de animales *superiores*". Y esa idea fue *tomada* por los que decían que el camino para que surjan seres humanos superiores es la guerra, y Adolf Hitler creía implícitamente en Darwin. Dijo que la única manera de que los alemanes se convirtieran en la raza superior era hacer la guerra, luchar.

Eso es muy alarmante. Curiosamente, al principio no se aplicó a cuestiones militares. Se aplicó en los negocios en Estados Unidos. Los hombres de negocios de Estados Unidos leyeron a Darwin. Tomemos a un hombre como Andrew Carnegie. He estado en la casita pobre en Escocia donde vivió por primera vez. Pero fue a Estados Unidos y se hizo fabulosamente rico. En sus primeros días en los negocios, le preocupaba lo que estaba haciendo porque parecía ir en contra de su trasfondo cristiano,

La evolución y sus efectos

pero cuando leyó a Darwin se dijo: "¡Está bien! Los negocios son una lucha por la existencia y la supervivencia del más fuerte". Y a partir de entonces se volvió muy competitivo y utilizó métodos sin escrúpulos. Lo mismo hicieron muchos otros hombres de negocios en Estados Unidos. Aplaudieron las enseñanzas de Darwin y las aplicaron a los negocios y dijeron: "Es despiadado, es una jungla y el más apto sobrevivirá, [con el significado de que el más fuerte sobrevivirá] y solo tenemos que luchar y llegar a la cima". Y a algunos no les importaba cómo llegaban hasta allí. John D. Rockefeller hizo lo mismo. Cuando se le pidió que hablara en una escuela dominical así es como comenzó: "El crecimiento de los grandes negocios es simplemente la supervivencia del más apto, no una tendencia maligna sino una ley de la naturaleza y una ley de Dios". Eso es lo que John D. Rockefeller enseñaba en las escuelas dominicales. Y usted se pregunta, ¿de dónde sacó eso en la Biblia? Pero usted sabe perfectamente de donde lo sacó. Lo sacó de Darwin. Pero desgraciadamente, el peor caso se dio en Alemania, donde el pensamiento alemán era casi universalmente darwinista, hasta el punto de que el parlamento austriaco debatió sobre Darwin en el parlamento y dijo que era la pregunta más importante que tenían que responder, si Darwin tiene razón o no. Y decidieron que tenía razón.

Había un filósofo en Alemania llamado Nietzsche, el pensador que estaba detrás de Adolf Hitler, que dijo: "Darwin no ha ido lo suficientemente lejos. No hay un llamado a la batalla para preparar la tierra para el superhombre". Luego dijo esto. Quiero que escuchen esto con atención porque este es el tema. Dijo: "El cristianismo es el reverso exacto del principio de selección natural. Si el hombre degenerado y enfermo ha de tener el mismo valor que el hombre sano, se frustra el curso natural de la evolución y lo antinatural se convierte en ley". Me pregunto si ha oído eso. Nietzsche dijo: "El cristianismo cuida de los débiles; la evolución dice que los fuertes sobrevivirán". De esa enseñanza vino la destrucción de los locos en Alemania en los asilos, de los gitanos, de los judíos y de cualquiera que no fuera considerado apto para formar parte de la raza sobrehumana.

Ahora bien, es interesante que todos estos hombres recogieran la palabra *lucha* de Darwin —lucha— como si la vida fuera una lucha en la que los más aptos sobreviven luchando hasta la cima y aplastando a los que están por debajo de ellos. Si no eres apto para sobrevivir es mejor que mueras. Esa palabra *lucha* en alemán es *kampf* y cuando Hitler escribió su libro —solo escribió uno—, lo llamó *Mein Kampf* (Mi lucha). Todo ese libro está basado en Darwin. Dice que los alemanes son la especie superior y que deben aplastar a todos los demás. Se salió con la suya porque Alemania leía a Darwin y no la Biblia. Es aterrador ver hasta dónde llegó eso en Alemania. Sé que probablemente usted es demasiado joven para haber vivido la Segunda Guerra Mundial, pero recuerdo cuando se abrieron esos campos al final de la guerra y el mundo se tambaleó horrorizado pensando: *¿cómo* pudo el hombre del siglo XX hacer esto? Pero fue la enseñanza de Darwin de que los más aptos sobreviven y llegan a la cima del montón porque son mejores que los demás.

Como ve, no estamos jugando solo con una idea física. Se trata de un ideal filosófico que ha *tomado* nuestro mundo. El fascismo es como se apoderó de él la *derecha* y el comunismo es como se apoderó de él la *izquierda*. Karl Marx quiso dedicar su libro *El capital* a Charles Darwin, a quien debía el concepto básico de la lucha entre el proletariado y la burguesía, la lucha por la existencia en la que sobreviviría el más apto. El más apto no sería el capitalista sino el comunista. Así que en la Rusia de hoy hay conferencias obligatorias sobre Darwin, no solo para todos los escolares, no solo para todos los estudiantes, sino incluso para todos los prisioneros de guerra. Porque esa teoría de la selección natural le dio a Karl Marx lo que él llamó su base científica para el comunismo. Escribe: "El libro de Darwin es muy importante y me sirve de base en la ciencia natural para la lucha en la historia".

La evolución y sus efectos

En todas las librerías comunistas verá a Marx, Herbert Spencer, Lenin y Charles Darwin vendidos uno al lado del otro.

Así que, tanto si va en dirección de derechas hacia el fascismo como si va en dirección de izquierdas hacia el comunismo, las ideas de Darwin han capturado nuestro mundo y me temo que solo vemos demasiado tarde a dónde nos lleva todo esto y no nos damos cuenta de dónde viene. *Y aún así nos atrevemos a alimentar este ideal en nuestras escuelas*. Es una de las principales razones por las que los cristianos están preocupados por la educación estatal, que este concepto básico se está sembrando en las mentes de los niños casi universalmente en nuestra tierra. Ahí es donde ustedes lo recogieron, de programas como *La vida en la Tierra* de David Attenborough. Se está alimentando a esta población consistente y continuamente. Es un asunto de mucha oración entre los cristianos. Esta es una de las razones por las que añado este capítulo para darle una idea de la situación real.

Mussolini estaba dominado por la visión de Darwin sobre la evolución. Podría darle todo tipo de citas de los discursos de Hitler en Nuremberg. *Odiaba* la película *Blancanieves y los siete enanitos*. La prohibió en Alemania. ¿Sabe por qué? Porque (en su opinión) los enanos no tienen derecho a vivir. No son seres humanos aptos. No podía soportar ninguna imperfección física. Quería una raza superior. Quería que los niños rubios arios engendraran una raza superior que sobreviviera mediante la guerra. Esta es básicamente la razón por la que Rusia está dispuesta a hacer lo mismo. Estamos viviendo con esto. Vivimos con una cuarta parte del mundo que ya se ha tragado esta idea y no debemos engañarnos ni hacernos ilusiones.

Darwin aprobó la colonización de África porque pensaba que los europeos eran superiores a los africanos. ¿Sabía que, en el Congo, cuando se colonizó, se masacró a más africanos que los que murieron en la Primera Guerra Mundial, me refiero a *todas* las personas que murieron? Y, sin embargo, fue aprobado; era considerado como supervivencia. Oí decir cosas en Sudáfrica como que los negros africanos tardarían tanto en evolucionar que no se les podría dar responsabilidad. Es asombroso cómo esta idea se insertó en la sociedad humana de que hay razas superiores y razas inferiores, y que la vida es una guerra y una lucha. De todo esto vino el concepto de que la guerra es buena para una nación. Tengo aquí citas de evolucionistas que decían que las naciones necesitan la guerra para hacerse fuertes y sobrevivir. Algunos de los comentarios que se hicieron sobre la crisis de las Malvinas en la televisión fueron de un tipo muy similar. "Nos ha hecho grandes de nuevo"; "Nos ha hecho mandamases de nuevo"; "Necesitábamos esa guerra para volver a ser *británicos*". Es darwinismo del bueno y tenemos que etiquetarlo como lo que es.

Ahora llego a la conclusión. ¿Cuál es la elección a la que nos enfrentamos? En primer lugar, es una elección *mental*, pero en segundo lugar, es una elección *moral*. Veamos primero la elección mental y veamos cuál es realmente la alternativa. Apenas necesito hablar aquí. Basta con mirar estas cosas para ver la alternativa. La alternativa está entre un universo que fue producido por una casualidad impersonal o por una elección personal, un universo que tiene diseño o desorden, un universo que fue intencionado o un universo que fue un accidente, un universo que es un sistema abierto en el que Dios puede hacer milagros o un sistema cerrado que funciona puramente según las llamadas "leyes de la naturaleza". Un universo en el que se habla del Padre Dios o de la Madre Naturaleza. En el lugar del Creador el evolucionista suele hablar de naturaleza con N mayúscula; ¿se dio cuenta? La Naturaleza, con N mayúscula, produjo esto; la Naturaleza hace aquello. La mayoría de los evolucionistas que he leído usan la frase *Madre Naturaleza* como si la naturaleza fuera una persona que ahora ha reemplazado a Dios Padre. Eso se llama en la Biblia idolatría, adorar a la criatura en vez de al Creador. Pero ya ve, a los científicos no les gusta hablar de Dios Padre ahora. Usted avergüenza a un científico si menciona a Dios. Pero si le habla de la Madre Naturaleza, no se avergüenza lo más mínimo.

La evolución y sus efectos

Los maestros hablan a los niños en la escuela sobre la Madre Naturaleza, pero les da mucha vergüenza hablar del *Padre Dios*. Esa es la elección. En una, el concepto del hombre es que Dios hizo al hombre según la imagen de *Dios*, pero en la otra, es libre de hacer cualquier dios que quiera a su imagen, así que parece libertad en el lado equivocado. No se trata solo de una elección mental sobre en qué tipo de universo creemos. En última instancia, la elección que haga tiene implicaciones morales, porque si cree en la creación, entonces Dios es el Señor y está *bajo la autoridad divina*. La vida es una cuestión de obediencia y dependencia de él, de seguir siendo como niños y "si no se hacen como niños no verán el reino de Dios". Pero, del otro lado, mire lo que ofrece. Ofrece al hombre como señor. Ofrece autonomía humana; puede hacer lo que quiera. Ofrece una vida de indulgencia y no de obediencia; puede ser su propio jefe y puede luchar y el más fuerte sobrevivirá. Y vivirá en un mundo de guerra. Eso es lo que ofrece. Uno es un concepto del hombre cayendo; el otro es un concepto del hombre elevándose.

¿Puede ver ahora por qué la gente quería hacer esa elección mental? Esa es la elección que Charles Darwin quería hacer. Quería ir a un lugar donde su padre no pudiera decirle lo que tenía que hacer. Esa es la elección que hizo. Quería ir a un lugar donde su Padre celestial tampoco pudiera decirle qué hacer. Pero la última elección que hacemos, creo, es el cielo y el infierno. Justo al final de la línea es donde ambos conducen. No espero ver a Charles Darwin en el cielo, aunque haya orado de niño. Destruyó su propia fe. Esa es la elección que el mundo está haciendo y por eso no se limita a presentar a la gente los hechos y dejarles elegir. Me temo que nos enfrentamos al corazón humano que quiere creer lo incorrecto, así que va a ser una batalla, una verdadera batalla. Sin el Espíritu Santo, no se puede ganar. Se necesita el Espíritu de Dios para mostrarle al hombre la verdad de por qué está escogiendo una y no la otra. Es una ley de la naturaleza humana.

Se llama Ley de Brunner, porque un hombre llamado Brunner

CREACIÓN

fue el primero en esbozarla. La ley dice que cuanto más afecte una decisión a nuestra forma de vida, más entra en el debate nuestra naturaleza pecaminosa. Ya ve que no es solo una discusión sobre si 2 más 2 es igual a 4 o 2 más 2 es igual a 5; eso es solo una decisión mental. No afecta profundamente a mi vida de mañana. Pero la discusión evolutiva *lo hace*. Crea un mundo completamente diferente en el que vivir, tanto si acepto la creación como la evolución. Así que me temo que nos enfrentamos a ella, la naturaleza humana caída. Como dice Pablo en Romanos 1, que es la lección que cité antes, los hombres detendrán la verdad en la injusticia. Ellos escogerán creer mentiras porque si ellos creyeran la verdad tendrían que cambiar. Entonces, cuando los hombres hacen eso, ¿qué hace Dios? Dice que cuando los hombres renuncian a Dios, Dios entrega a los hombres a lo que ellos quieren hacer. Me temo que eso fue lo que le pasó a Charles Darwin. Decidió renunciar a Dios, así que Dios renunció a él y perdió su interés por la música, el arte, la poesía, la belleza, la naturaleza y se murió, y eso es el infierno.

Pues bien, esa es la elección, y no se trata solo de escuchar (o leer) algunas charlas, que espero que hayan sido interesantes. Se trata de toda una forma de vida. Hay una manera de vivir de la creación y hay una manera de vivir de la evolución. Karl Marx y Adolf Hitler defendieron el modo de pensar y el modo de vivir de la evolución y puede ver a dónde ha conducido. Ha llevado a la matanza de *millones* de personas *inocentes*, pero esa es la teoría. Así es como se supone que debe ser la vida según esa teoría y alabo a Dios porque es el tipo de Dios que no hizo un mundo en el que los hombres sobrevivieran porque eran fuertes y estaban en forma, sino que cuando Jesús vino, vino a predicar el evangelio a los pobres, a traer la libertad a los cautivos, a hacer que los cojos volvieran a caminar. Y se hizo amigo de la gente que nadie más valoraba. Lo criticaron por ello. Pero él estaba mostrando cómo es Dios, y es un mundo totalmente diferente al mundo de Charles Darwin.

www.ingramcontent.com/pod-product-compliance
Lightning Source LLC
Chambersburg PA
CBHW050412120526
44590CB00015B/1940